考古人類學隨筆

張光直 著

前　言

這本小書所收的四十篇文章，絕大部分是已經發表過了的。其中很多篇原來發表在中國的報紙和雜誌上，是以社會上一般人為對象的。有幾篇學術味道比較濃厚些，但也是朝著深入淺出那個大目標努力撰寫的，相信讀這本書的人，不會遇到生澀難解的語言問題。

四十篇分入五組，第一組我叫它作「狗尾『序』貂」，是因為為了它作序的書，都是非常值得讀的書，我寫的序夾在書裡，沾著原書的光，也許有人看一看。第二組文字我給它取了「大題小作」這個名銜，表示我不是不知道大題不宜小作，但我希望讀者們能透過紙背看到這些簡短結論有龐大的基礎。第三和第五組文章的標題不言自明。第四組是我為北京《中國文物報》自1993年夏季開始寫的一個專欄。因為《中國文物報》寄來給我常常脫期，我不知道是否寄去的稿件全都發表。在題目後的星星下面如果沒有注明年月日，那篇文章便是根據原稿排版的。如已發表，便依印出來的語句。

聯經出版事業公司歷年來出版了我好幾本書，相信都是賠錢貨。這次又同意出這本書，我很是感謝。

目次

五、雜文

一、狗尾「序」貂

《時間與傳統》*序言

　　布魯斯·坎格爾教授的《時間與傳統》是一本講考古學理論的好書，在美加考古學界也是受人尊敬和重視的一本書。它的中譯本對現階段中國考古學的進展應當是有積極影響的。

　　考古學理論在中國一向不大受人重視。最近兩年來出版的《中國考古學年鑑》對當代中國考古研究活動固然是很可靠的反映，而在這裡面根本沒有「考古學理論」這個範疇。可見，「理論」這件東西在當代中國考古活動中可以說沒有什麼地位。我相信：中國考古學界對理論的漠視不是偶然的，而有它歷史上的一些因素。首先，中國傳統史學本來就缺乏對歷史理論的有系統的討論。黑格爾曾經說過：「中國人的歷史只包含赤裸裸的、明確的事實，而對它們不加以任何意見或推論。」固然這種觀察是很不可靠的，但傳統史學的確有特別著重對客觀史實的記述的一面。它的另一面則是利用史實的選擇和描述來表明歷史學家對價值系統的主觀判斷，所以自孔子以來便有「作春秋而亂臣賊子懼」的現象。這種憑主觀判斷來解釋歷史的作風，自有它趨於極端的一面，所以近代西方史學輸入中國以後，便首先以傳統史學

＊布魯斯·坎格爾著，蔣祖棣、劉英譯（三聯書店出版，1991）。

的這一特徵爲打擊的對象。中央研究院歷史語言研究所創辦人傅斯年先生在1928年出版的《集刊》發刊詞中就疾呼要打倒「把那些傳統的或自造的仁義禮智或其他主觀同歷史學和語言學混爲一氣的人」！歷史語言研究所代表的史學觀認爲「歷史學不是著史」，「近代的歷史學只是史料學」。

可以說，以反抗傳統史學之末流的仁義道德史學爲特徵的這種史料學，半個多世紀以來一直占據領導或至少是優勢地位。在這種歷史觀培育下發展起來的考古學，也就特別重視考古材料的獲取和考證，而不信任主觀的理論，常以爲「理論」不過是一種成見，因而把理論硬套在考古材料上便不是嚴謹的治學方式。這種以史料及史料考證、排比爲主的歷史觀在近三四十年曾受過劇烈的批評和批判，而且近年來中國歷史界對歷史理論進行討論的興趣也有很大提高。不過，在考古學上唯一有系統的指導理論，仍是馬克思、恩格斯的唯物史觀。關於這種理論在考古學的作業上如何具體運用，一直很少經過縝密的思考和田野實踐。所以，馬恩的唯物史觀雖然對中國歷史在宏觀上起了巨大的、高級的指導作用，不過據我的觀察，它還沒有廣泛地在中國考古學的作業上發揮很大的具體作用。

其實，要討論考古學理論在中國考古實踐中的作用和意義，我們首先得說清楚在我們使用「考古學理論」這個名詞的時候，我們所指的概念是什麼。最近在《考古學專題六講》這本書裡，我把自己對幾個常用的有關名詞的用法說明了一下：「資料」是研究歷史的客觀基礎；「技術」是取得資料的手段；「方法」是研究資料的手段；「理論」是研究人類歷史的規律性認識的總結，並反過來指導具體的研究工作。上面這個對理論的定義，我

想一般是可以使用的。但這個定義比較狹窄嚴謹，因而在一般的運用中，我們不妨把它放寬些。我們可以說，考古學上的理論是在考古作業的每個步驟上指導我們作何選擇，如何作此選擇的、關於文化現實、社會現實的有系統的一套看法和想法。換句話說，在考古實踐中，我們應當先知其所以然才能決定其然。使我們能知其然的便是考古理論。口口聲聲說他不相信考古理論，或者說他沒有考古理論的人，並不是真沒有考古理論，而是只有未經檢討的、不成系統的、或者甚至是迷惑混亂的理論。進行考古實踐並不是遵循一條不變的道路盲目自動地向前走，而是每一個步驟都會碰到岔路，需要加以選擇。有理論的人進行這種選擇是有根據的、有信心的；沒有理論的人，進行這種選擇是盲目的。

我們不妨舉幾個例子來說明考古實踐離不開考古理論。我們到田野去調查遺址的時候，應該如何調查？考古調查不是只有一個不變的方式，而是根據我們調查的目的和對古代文化社會生活的不同了解而有所區別。有人看到不同的遺物群便把它們當作不同的文化；另一些人則把它們看作是同一或不同文化對不同生活需要所做的不同適應性行為的表現。這兩種不同的看法便對我們調查的範圍、深度、順序以及發掘與否等諸決定，有很大關係。考古發掘更是一套複雜的程序，從打樁子到回填之間一步步的工作應如何進行，有著許多不同的方式。怎樣能忠實地記錄資料，同時又能提供回答特定問題的資料，這就要看考古工作者在發掘的具體地點、範圍、各種專業人員的使用、發掘的細密程度等等問題上進行怎樣的選擇。發掘出來的遺物如何進行處理？有哪些可以留下來，哪些可以拋棄？對器物進行分類是為了什麼目的？為了這種目的又應當使用哪些分類標準？——這一連串的問題都

是每個考古工作者必須回答的。無論是否意識到自己的理論體系，在回答這些問題時，在進行自己的選擇時，考古學者是一定要應用他對歷史認識的理論的。這幾個例子應該可以說明考古理論與考古實踐不可分割的關係。理論並不是一種空洞的主觀成見。它需要與客觀資料相對照。考古工作者不會沒有理論，只是有人有好的理論，有人有不好的理論。如果有的考古工作者認爲考古學的理論不足重視的話，我們不妨問一問，是盲目地使用主觀的、未經檢討的理論好，還是先對自己的理論體系作一番檢討好呢？

四、五十年來，世界考古學理論的中心很顯然是在美國。這並不是說美國有最好、最正確的考古理論，而是說美國考古學界的理論是多元化的，也是特別發達的。因此，考古學工作可在許多豐富的理論體系中作適合自己立場與見解的選擇，並且在這些體系中不斷得到啓示和刺激。事實上，就西方考古學史來說，考古學理論的有意識的發展也不過是二十世紀三十年代以後的現象。在這以前，西方考古學也是以器物爲主要對象的。即以器物史的發現和文化史的重建爲主要的目標。因而，這種研究的主要方法便是年代學、地層學和類型學。三十年代歐洲考古工作者開始對這種情況感到不滿，不少人開始主張，考古學研究的對象應當從器物轉向人。考古學資料是物。如何從物去研究人的生活，這便要有借於考古學理論與方法論的指導。在這方面比較有名的一篇文章是英國戈登・柴爾德在英國史前學會1936年年刊上發表的一篇〈史前史變化中的方法與目標〉，其中就大力主張考古學者在理論上要有意識、有系統地討論如何研究史前時代經濟生活、社會生活這一類的問題。這篇文章在西方考古學界引起了廣

泛的注意。不過，考古學理論的蓬勃發展還是在第二次世界大戰結束之後。自四十年代晚期到五十年代初期開始，關於這方面的討論研究的中心轉移到了美國，並且數十年不衰。自1950年以來，美國考古學理論的書刊與論文無慮有數千、數萬之多。中國考古學界如果對這方面有加以探索的興趣，這無疑是一個非常豐富的園地，其中有不少值得參考，值得作為可以攻玉的「他山之石」。

《文化：中國與世界》叢書編委會選了布魯斯·坎格爾這本書翻譯並介紹給中國讀者是最合適不過的了。正因為考古學理論在美國特別發達，以致各種說法五花八門，令人眼花撩亂，而且其中良莠不齊，有精華也有渣滓，要在美國關於考古理論的千萬種著作中汲取精華，必須首先作一番爬梳清理工作，除滓存精，才不致事倍功半。布魯斯·坎格爾是加拿大人，在蒙特利爾的馬克給爾大學任教。他的博士學位是在美國耶魯大學得到的，而且多年來，他在美國考古學理論界一直占有一席非常令人重視的地位。他所以為人重視的一個主要原因，便是他不僅有精深的見解，而且持論公平，不屬於哪門哪派，對當代各種新舊說法都能客觀地做正面、反面的檢討和批評、整理。讀者讀他的文章，能中肯地把握理論上的一些基本竅門，對各派學說的要旨優劣都能掌握，最後可以作明智的抉擇。現在這本書的中譯本出版在即，相信它對中國考古學理論方面的進展一定會起積極、肯定的作用，所以很高興地寫這幾段話以誌同聲之欣悅。

張光直　1987年4月於美國哈佛大學

《安陽》* 張序

　　《安陽》是先師李濟先生最後的一本專著；像它的作者一樣，這本書在中國考古學的園地裡是有偉大的歷史意義的。如今它的中譯本問世在即，令人感到興奮。

　　自從1928年第一次發掘安陽殷墟到今天已經六十三個寒暑了。我們對殷墟發掘在中國考古學史上重要性的認識，不但沒有被歲月的消逝所沖淡，反而越來越在中國考古學持續發展過程的啟示之下而更覺得清楚了。這個重要性，一方面是由於殷墟是中國考古學史上頭一個用現代科學方法作長期發掘的遺址，所以在殷墟發掘過程中考古學者們所經驗出來的心得，對以後半世紀中考古工作者思想和作業的習慣，留下了不可磨滅的影響。另一方面，由於殷墟是目前中國歷史上最早的一個有文字記錄的考古遺址，它對於中國史前和歷史時期間的關係的了解上，便發生了承先啟後的作用。至少在目前的知識範圍之內，我們可以這樣說。學習中國考古學者最好自學習殷墟開始；學習中國近代考古學史者，也最好自學習殷墟開始。

　　從中國考古學史上說，李濟先生的名字是與殷墟分不開的。

　　＊李濟著，賈士蘅譯，序寫於1991年5月4日。

有中國考古學之父的稱號的李濟先生是中央研究院自 1929 年到1937年發掘殷墟工作的總指揮。在1949年以後李先生又在臺灣用了三十年的時間進行戰前發掘出來的成果的整理和研究工作。他一生的學術著作也以殷墟和殷商文化為中心。給學習殷墟的學生帶路的人，再沒有比李先生更合適的了。這本《安陽》是李先生給殷墟發掘和研究所作的一個總結。教中國考古學的課用這本書作頭一本入門書是再合適不過的了。可是《安陽》原書是用英文寫的；在國內教書的人對這本書的中文版的問世，可以說是久已望眼欲穿了。

　　賈士蘅女士翻譯這本書為中文，也是再合適不過了。李先生寫這本書的時候，年紀已經很大，身體欠佳，行動不便，在這本書的材料搜集與寫作上，賈女士給了李先生很大的幫助。如今由她自己翻成中文，自是駕輕就熟，對作者的原意也比任何他人都能了解。賈女士囑我為中譯本作序，就寫了這幾段話以誌喜悅。

　　　　　　張光直　1991年5月4日

《南中國及鄰近地區古文化研究 ——慶祝鄭德坤教授從事學術活 動六十周年論文集》*序

　　香港中文大學中國文化研究所主辦研究中國南部及鄰近地區的國際性的研討會，將來自中國大陸、香港、臺灣、和越南的四十四篇論文，編集出版，這是中國地區考古學史上的一件大事。中國南部考古學起步較北方爲晚，在過去又由於傳統史學重中原輕邊疆的偏見而被忽視，所以考古與古史研究成果不如華北。近年來，部分由於南方經濟的發展，考古材料出土增加。南方各省的考古文物單位，包括香港中大的中國文化研究所在內，又有計畫、有目的的擴大了調查、發掘的規模和範圍，發現了許多引起國內國外密切注意的新資料與新問題。中國文化研究所在此時此地召開這個學術研討會，可說正是迎合天時地利人和的良機。

　　在「南中國及鄰近地區古文化研究」這個會議上，同時要慶祝人類考古界前輩學者鄭德坤敎授從事學術活動六十週年，這尤

---

* 香港中文大學中國考古藝術研究中心、鄧聰編（中文大學出
　版社出版，1994）。

其令人感奮。鄭先生與中國南方，尤其是東南沿海地區古代文化研究史的關係，是非常密切的。不知道今天還有人記得不，福建省最早的考古發掘工作，是鄭德坤先生主持的。1936年春季，泉州市中山公園建蓋體育場時，在地下發現古代墓葬。廈門大學附中教員莊爲機先生看到了，便買了幾塊磚頭帶回廈門。那時候才二十九歲的鄭德坤先生是廈門大學文化陳列所的所長，他知道了這事便與莊先生和林惠祥先生一起去泉州發掘。他們一共工作了九天，發現了四座唐代的磚墓（這次發掘的收穫後來在1939年的《哈佛亞洲學報》中發表）。就在那年後半，鄭先生轉往四川成都的華西大學任教，後來將四川古代文化的研究，開闢了一個嶄新的園地。但他對東南海岸一帶的考古一直掛念在心。1983年鄭先生還在香港中大的中國文化研究所工作的時候，曾計畫召開一個「中國東南海岸地區史前文化研討會」，邀約已故的林壽晉先生與我協助他計畫和籌措。這個會議擬邀請的學者的名單和擬討論的題目都已大定，但因爲經費的關係，一直未能實現。但是鄭先生這一願望，今天在這個「南中國及鄰近地區古文化研究」研討會中成爲事實了。我們今天將這個會中提出來的四十四篇論文貢獻給鄭先生，向他自1933年開始在廈門大學任教以來六十年如一日從事於中國傳統文化的研究的精神與重大的貢獻來表達我們的敬意，眞是再也合適不過了。

　　鄭德坤先生六十年來，陸續在廈門大學，華西大學，英國劍橋大學，與香港中文大學從事教學研究工作，對中國考古學，史學，藝術，和人類學研究的貢獻是多方面的。將他的多方面的貢獻作詳細的分析，然後把它們作一個綜合的報告，是一件規模龐大的研究計畫，我有從事的野心，卻不知能否勝任。但是，在鄭

先生的著作中很顯著的可以看出來的一個特點，也是與香港中大
中國文化研究所的宗旨，並且與今天這個會議的內容都有關係
的，這就是鄭先生不論是講學還是著述，他的著眼點都是以中國
文化的一般特徵以及中國文化各方面之間的聯繫關係爲主題的。
鄭先生的文章，有題目極大的，如〈中國文明之始〉（"The
Beginning of Chinese Civilization"，載 *Antiquity*，XLVII,
1973），也有題目極窄的，如〈若干中國伊斯蘭的幻方瓷〉
（"Some Chinese Islamic Magic Square Porcelain"，載 *Journal
of Asian Art*，No.1, Lee Kong Chian Museum of Asian Culture,
Nanyang University, Singapore）。大題目能旁徵博引，發揮得
淋漓盡致，小題目則深入淺出，論證到無懈可擊。總看鄭先生寫
作的範圍，沒有辦法給他一個標籤，說他是哪個題目的專家；他
的題目環繞著「中國文化」這個極大的圈圈轉，合起來就將中國
文化從無數的據點界說起來。鄭先生當然是個考古學家，但是他
不止是個考古學家；他也是史學家，美術史家，藝術鑑賞家，古
地理學家，人類學家等等。我想可以說鄭先生是個中國文化學的
學者，與老式的西方的漢學家有許多相似。中國近代學者裡面可
與鄭先生比較的是楊聯陞先生，只是楊先生立基於史學，鄭先生
立基於考古學而已。

　　1969年3月，鄭先生在香港寫信來說：「我們研究人類學，
對於文化與人的關係應該有點認識，各民族各有他們的文化。文
化就像空氣一樣是生活生存的要素。不幸我們處於動盪的時代，
流落海外，年暮思鄉，每感到他國的文化與我們的不一般。最缺
乏的是人情。朋友來往無論多麼濃密，總缺少了些人情味。早年
忙於生活工作，不覺得，越老越知道我們故有文化的寶貴。幾千

年的演進，繼續存在，不是無因。去年有這講演機會，因此把一些思想系統化，一方面講給學生聽，一方面拿來和些海外『難民』互相討究。來信討論與以共鳴的，確有幾人。臺北老友且建議重印在國內發行，據說要列入中山文庫第一冊，以廣傳流。這種積極的態度比較我死抱古書，壁補丹青，櫥陳金石，閒摸麻將，聊慰鄉愁要高一籌了。未知你以為何如？」這裡所說「去年有這講演機會」是指1968年鄭先生應新加坡南洋大學副校長劉曜的邀請，在南洋大學講中國人類學的課。鄭先生在這封信所描寫的心境之下，便利用這個講演的機會，從人類學的角度講了中國文化。他的講演稿不久便在南洋大學以《中國文化人類學》為題出版。在這本書之前，1962年鄭先生客居馬來亞大學，協助成立中國研究系，同時給了一系列的有關中國語言和歷史的演講。演講的記錄稿後來編為《中國的傳統文化》一書。在1978年鄭先生把這兩本書整理修訂，又出版了中文的《中華民族文化史論》。1980年鄭先生又用英文出版了 *The World of the Chinese：A Struggle for Human Unity*。這些單刊都是鄭先生對中國文化研究的綜合與總結，而他的各種專業論文可以看作鄭先生對中國文化整個看法的個案研究。

這個國際研討會，「南中國及鄰近地區古文化研究」，在研究中國文化的早期歷史上，也將提出重要的貢獻。中國南部古代文化有它自己的特性，而且在很早的年代便達到很高的文化水平，這已經是大家公認的前提了。現在中外學者講到中國古代文化都流行使用「區域文化」這個術語：例如，仰韶文化是黃河中游的區域文化，大汶口文化是山東半島的區域文化，大溪文化是長江中游的區域文化，馬家濱文化是長江下游區域文化，等等。

這些區域文化並不是完全孤立生存，孤立發展的。它們在生長過程中難免發生接觸、交流的情況。前幾年在河南濮陽發現過仰韶文化時代用蚌殼擺成的龍的形象，最近又在湖北黃梅發現大溪文化時代用河卵石擺成的龍的形象。這兩條龍都是公元前四、五千年前的產物，但是是屬於不同的區域文化的。年代再稍晚些，龍又在遼河流域的紅山文化中出現。龍作為藝術形象，代表一定的宇宙觀。遼河，黃河，長江流域在大略同時都出現龍的形象，恐怕不是巧合，而要反映這幾個區域文化之間的歷史聯繫或接觸關係。中國文化的確要有許多源頭，但這許多源頭在什麼時候匯聚成為中華文化？這是要靠考古，古史學家將公元前一萬年來全中國境內的文化資料仔細比較研究以後才能得到答案的。這個論文集包含許多討論南方史前文化特徵的文章，為今後與北方文化的比較奠立了基礎。更多篇的文章，專門討論南方——尤其香港——古代的牙璋在南北文化接觸上的啟示。這裡每篇文章，都有它自己的主題和意義，但總起來看，它們討論了中國文化形成的早期歷史上南北關係的一些重要問題。我們將這本論文集呈獻給鄭德坤先生，希望它標誌著在鄭先生的中華民族文化史研究的基礎上，百尺竿頭，更進了一步。

《考古與歷史文化——慶祝高去尋先生八十大壽論文集》*序

　　西元1989年7月1日是高去尋先生八十歲的生日，我們這一群高先生的學生藉這個良辰吉日將這本學術論文集呈給高先生為他祝壽。

　　高去尋先生在學術上的貢獻是全世界研究中國古史與考古學的學者所熟知的，不必在這個場合詳細敘述。自從高先生在北京大學歷史系畢業，在民國二十四年秋季參加了中央研究院歷史語言研究所考古組在河南安陽殷墟的發掘以後，他這五十五年以來的學術事業便與殷墟的發掘、研究，與成果的報告離不開了。高先生在殷墟研究上最重要的貢獻，無疑地是他近三十年來陸續發表的殷墟西北崗王室大墓的報告。這十一座大墓的報告是梁思永先生生前開始寫作的，但梁先生在1954年逝世以前只寫成了二十二萬字的未完稿。從1962年起，高先生全力輯補梁先生稿，將西北崗的大墓一個接著一個詳細的描述發表出來，成為研究中國古

---

　　* 宋文薰、李亦園、許倬雲、張光直主編（臺北：正中書局出版，1991）。

代文明上最重要的一批新資料。除此以外，高先生在殷墟大司空村墓葬（是他在1936年秋季主持發掘的）所表現的殷代禮制、殷墟出土的文字，與殷周青銅器的形制的研究上，都有獨到的見解。高先生又是在中國考古學者首先詳細討論中國黃河流域古代文明與北方文明之間的關係的。

我們有幸作為高先生的學生，都深深感到高先生的教導對我們每個人的學術生命是有過深重的影響的。高先生對我們的教育遠不限於他豐富學識的傳遞，他對他的學生們更大的影響還是由於他認真純正的性格給我們所作的為學、為人的榜樣。他之教育學生是認真詳盡、毫無保留的。記得1950年他第一次到我們的母校臺灣大學考古人類學系開中國考古學的課，用一年的時間來準備課程，然後把他準備的材料，就是中國考古學自金石時代起、經過二十世紀二十年代西方科學考古輸入，一直到1949年中央研究院遷臺以前為止的全部經過與成果，一年一年的，每本書、每篇論文都給他的學生查找撮要出來，從楊梅坐火車到臺北來上課時毫無保留的傳授給我們。我們在中國考古學上的基礎，就是高先生這樣替我們打出來的。這位舉世聞名的學者，與我們這些年輕的學生打成一片，以誠心相處，四十年來，不但是我們的良師，而且是無話不說的益友。這是因為高先生雖然較我們年長，卻一直抱著一顆赤子之心，一心只知為學，把他的學生都當作為學道上同伴，一方面不容情的指出我們的錯誤，一方面又鼓勵我們從事獨立思考、鼓勵我們有新的看法。歷史語言研究所出身的高先生這一代的學者中像高先生這樣的純真學者當然不只他一個人，但高先生是與我們最親近的一位，也是對我們影響最大的一位。我們除了學習高先生的學問以外，還希望學他的為人，也希

望能像他這樣對待我們的學生。現在的社會越來越複雜，做人也越來越難，但我們希望在我們這一代和在我們以後代代的學者中，像高先生這樣以作學問和教學生為純一念頭的人不絕如縷。

　　高先生八十大壽的場合，我們謹向他呈獻這本論文集作為祝壽之意，但更希望他仍照例告訴我們他喜歡不喜歡那篇文章的那裡、糾正文章中的錯誤，或與我們辯論文章中的細節。

宋文薰

李亦園

許倬雲

張光直

《中國著名古墓發掘記》*序

　　四十年來中國考古學的偉大進展，是眾所熟知的。這些進展的結果，使我們對中國古史的內容，增加了許多新的知識與了解，並將中國古史的剖面不論在幅度還是在深度上都加以大量的擴張。出土這些新考古資料的遺址，有的是古代的宮殿或是聚落的廢墟，但絕大部分是古代的墓葬，而且新出土文物中的精華，也絕大多數是自古墓中發現的。六十多年以前，已故的古史學者傅斯年先生在創辦中央研究院歷史語言研究所的時候，曾經宣稱過，「凡一種學問能擴張他研究的材料便進步，不能的便退步」。四十年來的考古發掘把研究中國歷史的材料擴張到傅先生說這話的時候恐怕都意想不到的程度，它對中國史學的促進，應當是空前的。但是要促進史學的進步，第一步必須的條件是把新出土的資料詳細地公布出來，使學者能夠據以作翔實的研究與進一步的解釋。

　　考古發掘中存著一個問題，為什麼古代美術的精品多在墓葬

---

　　*朱啟新編（臺北：聯經出版事業公司出版，1995）。這篇序先發表於《中國文物報》，1990年6月28日，編者給它的題目叫〈古代墓葬的魂魄觀念〉。

裡面發現？這個問題看來簡單，回答起來卻需要先將中國古代宗教思想與埋葬習俗作一番詳細的討論。因篇幅關係，無法深入探討，但是，最有關鍵性的是與周末到漢代文獻中清楚提到的魂魄觀念有關。《左傳》昭公七年記子產說：「人生始化曰魄，既生魄，陽曰魂。」唐孔穎達《正義》把魂魄的關係做更明確的解釋：「魂魄神靈之名，本從形氣而有。形氣既殊，魂魄各異。附形之靈為魄，附氣之神為魂也。」人死之後，魂魄分離，「魂氣歸於天，形魄歸于地」（《禮記・郊特牲》）。這樣解釋的魂魄觀念向古代可以追溯到什麼時候，目前還不清楚。余英時先生在〈魂兮歸來！〉一文（"O Soul, Comeback！A Study in the Changing Conceptions of the Soul and Afterlife in Pre-Buddhist China," *Harvard Journal of Asiatic Studies*, 卷47, 1987）裡面，有鑒於「魂」在《楚辭》中出現的頻仍，與「魄」在周原甲文中已用來指稱月相，推測這是古代中國南北兩方關於靈魂的不同觀念，到了東周時代才混合到一個思想系統之內，構成子產的說法。

　　既然人死之後魂魄分離，魂氣升天，形魄歸地，那麼古代的埋葬制度與習俗便必然具有雙重的目的與性格，即一方面要幫助魂氣順利的升入天界，一方面要好好地伺候形魄在地下宮室裡繼續維持人間的生活。如王仲殊先生所說：「在漢代地主官僚階級中流行的喪禮的葬俗，其中心思想之一，是把死人當作人看待，即《論衡・薄葬篇》所說的，謂死為生。所以不僅在墓室的形制與結構上模仿現實生活中的房屋，而且在隨葬品方面也盡量做到應有盡有，凡是生人所用的器具、物品，無不可以納入墓中。」（《漢代考古學概論》，中華書局，1984年版）漢墓的這種特

徵，在西漢中葉以後尤其顯著，在保存形魄上加強努力，供以完整富裕的陰宅。在西漢以來保存屍體的新的措施，如馬王堆以白膏泥與木炭密封棺槨和滿城漢墓的玉衣，也是在這方面加強努力的顯著表現。把時間往早往上推，即自西漢初期以前一直到三代的豎穴木槨墓，不論在墓室的結構上還是在屍體的保存上都不顯著表現使屍體長期保存的措施。所以在漢代以前，也許在墓葬習俗上說，並沒有在形魄的供奉上有特殊努力的證據。從另一方面看，根據隨葬品的種類與上面裝飾的花紋上說，當時更重要的考慮可能是如何幫助神魂走入天界。這從三代墓葬中的隨葬物以具有動物紋樣的青銅與其他材料製作的禮器為主這上面可以窺見一斑。（關於動物紋樣在人神溝通上的作用，見拙作〈商周青銅器上的動物紋樣〉，《考古與文物》6，1981年。）從這個觀點來看，在時代上較早期的葬俗與魂的關係似乎較為密切，而到了晚期即西漢以後則對形魄更加重視。如果如此，上述余英時先生南魂北魄混合的說法，便需加進一步的考慮了。但不論南北早晚，中國古代葬俗對魂魄兩者都是加以照顧的。自早期開始的豎穴土葬便是為形魄安宅，而歷代隨葬品上的藝術表現也從不缺如人神溝通的象徵意義。

中國古人對死後命運的關注，可以說明中國古代厚葬習俗的存在理由，但為什麼在墓葬中發現的精美藝術品在墓葬以外的遺址中很少發現呢？我相信這是考古學上偶然的保存與否的現象。

《史記》上說殷紂王「益收狗馬奇物，充仞宮室」。武王伐紂時，《逸周書·世俘解》說「得舊寶玉萬八千，佩玉億有八萬。」司馬遷記項羽入秦都咸陽，「燒其宮室，虜其子女，收其珍寶，諸侯共分之。」由此可見三代秦漢時的宮室宗廟中也是富

有珍寶的，但朝代一旦衰落，宮廟便常被擄奪一空。除了偶然的遺存，如周原的青銅器窖藏和廣漢三星堆祭祀坑一類以外，中國古代美術精華就靠古人厚葬之風而部分倖存到今天供我們做研究古史的寶貴資料。

《先秦考古學》* 張序

林壽晉先生在中國考古學上的貢獻是多方面的；他在東周考古學上的研究成果尤其使他在中國考古學史上要佔有一席不朽的地位。

東周考古在中國歷史考古學史上開始最早；河南新鄭和山西渾源李峪村兩批古墓的銅器都是1923年出土的，比安陽殷墟的發掘要早五年。新鄭與李峪的銅器傳世之後，很快地引起學界對東周青銅美術的密切注意。但東周時代長，文化種類複雜，它的遺址遺物的斷代問題一直難以掌握。1954到1955年中國科學院考古研究所發掘了洛陽中州路（西工段），根據大量的東周墓葬把自春秋中期一直到戰國晚期銅、陶器的形制與類型結合關係的變化擬定了一根適用範圍較廣的標尺。考古所在1956到1957年又在河南三門峽市上村嶺發掘了虢國墓地；虢國在公元前655年被晉國所滅，所以這片墓地中的遺物，很清楚地可以放在平王東遷（公元前771年）到滅虢之間這一百二十餘年之間，可以作為春秋早期遺址遺物的代表。這兩處遺址的發掘與研究，首次建立了中原地區東周考古學上一個可靠的年代學的體系。上村嶺的發掘是林

（香港中文大學出版社出版，1991）。

壽晉先生主持的，發掘報告是林先生一手編撰的。洛陽中州路
（西工段）遺址的發掘研究和報告的編寫，林先生也是主要負責
人之一。林先生通過這兩處遺址的發掘、研究與報告，對中國考
古學的貢獻是不能磨滅的。他個人考古研究的範圍與題材很是廣
泛，但他最重要的論著如對東周青銅劍的研究（1962，1963）與
《戰國細木工榫接合工藝研究》（1981）都集中在東周考古學的
課題上，顯然不是偶然的。

　　林壽晉先生1952年在燕京大學歷史系本科畢業，1954年自北
京大學歷史系考古專業研究生部畢業。嗣後林先生一直在北京考
古研究所服務。自1954到1966年止，林先生的田野考古足跡遍布
華北，他所調查研究的遺址包括吐魯番的高昌（1956）、後川
（1957-1958）、李家窯（1958）、七里舖（1958）、安陽殷墟
（1959）、侯馬（1963-1964）和臨淄（1964-1965）；研究的時
代範圍自新石器時代一直到東漢。文革末期（1974）林先生以歸
僑身分移居香港，次年受聘到香港中文大學歷史系任教，同時整
理舊作，並從事中國考古學的一般研究。逝世以前正在積極推動
香港地區田野考古的研究教學計畫。

　　我與林先生相識自1975年始。1982年林先生來哈佛大學研究
講學一年，使我有機緣與林先生和夫人薛葵珍女士相過從，對林
先生學識之深廣與為學、教學之認眞，非常景仰。他這本自選的
考古文集，未能在林先生生前出版，令人感傷。但如今能藉這本
文集的出版使林先生為下一代的考古學子提供從事研究寫作的楷
模，也可令生者稍感欣慰。

　　　　　　　　　張光直　1991年1月22日

《李亦園文化論著選集》＊序

　　四十多年以前大學時代的同窗李亦園先生最近寫信告我他的故鄉福建省的海峽出版社正要出版一本他的學術論文的選集，希望我給它寫一篇短序。李先生是研究文化人類學的，而我是專攻考古學的。但是由於我們四十餘年來的密切接觸，我相信我能了解李先生學術成果在中國人類學甚至在一般社會科學的發展上的若干意義，可以藉這寫序的機會簡短地寫下來請讀者們指正。

　　這幾年來我多次提出中國歷史研究（包括用考古資料建立起來的史前史的研究）在驗證甚至發現社會科學上有關文化與社會變異與演進的一般法則與規律上的重要意義。這是因為西方社會科學法則與規律是根據西方歷史經驗所推演出來的，而中國的歷史經驗與西方的歷史經驗是同，是異，還是有同有異，還是一個有待深入與廣幅研究的問題。中國研究在一般社會科學上的這種重要性，在文化人類學的範圍之內可以說是更加顯著的了。中國一方面是多民族的國家，在文化與社會現象上呈示著許多意義重大的變異性；另一方面它又包含了人口在全世界占首位的一個族群，即漢族，而漢族文化在占居地域的廣大、歷史時間的深度，

＊1991年2月25日寫。

與內部成分的複雜上，也在全世界的族群中是占首位的。很顯然的，不論是在眾多族群的研究上，還是在漢族文化社會的研究上，文化人類學者在中國這個範圍內能對社會科學一般法則與規律上作重要貢獻的潛力可說是無窮的。

因為我不從事文化人類學的專門研究，我不熟悉世界各地這門學科的進展與成就，但我知道臺灣的文化人類學者在漢族文化與原住民族文化的研究上，都作了很多的工作，在方法與理論上有所創新，更收集了許多寶貴的資料。這些工作從日本占據臺灣時代便已開始，光復以後在前輩民族學者如凌純聲、芮逸夫等先生的教導之下，尤其是通過中央研究院民族學研究所的創立，文化人類學在臺灣更得到了長足的進展，在今天我覺得可以無愧地宣稱臺灣為文化人類學研究的中心之一了。

文化人類學在臺灣有今天的地位，李亦園先生的功績是值得大書特書的。李先生是凌純聲先生在1956年創立中央研究院民族學研究所籌備處時代老班底的一員，也是其中到今天還在民族學研究所工作的唯一的一員。文化人類學在臺灣的現代化，是在李亦園先生繼承凌先生領導民族所的時代開始加速的，在凌純聲、芮逸夫等先生以中國現代少數民族和古代民族史為主要研究對象所奠下的學術基礎之上，李先生將文化人類學大力擴張到漢人和華僑社會中去，有意義地擴充了研究的範圍與問題的多樣性。在李先生的帶引之下，民族學研究所又開創了與相關學科作科際合作的風氣；這方面的例子可舉聘請楊國樞先生入民族所促成心理學與文化人類學在許多研究計畫中的結合，和通過1971-75年「濁大計畫」與考古學、歷史學及其他學科的合作。更值得特別提出的是李先生對應用人類學的提倡，通過許多個案指出文化人

類學的純學術研究在當前文化、社會上實際問題上的意義。由於
李先生在臺灣大學和清華大學任教多年，今日臺灣文化人類學界
中活動的主力學者，有很多是出於李先生的門下的，所以李先生
在文化人類學上研究的新方向對這門學科在臺灣現狀的形成，有
了很大的影響。這本選集對李先生研究學問的路數有相當的代表
性，希望它的出版對海峽彼岸的文化人類學同工學者也能有些有
建設性的參考作用。

張光直　1991年2月25日於美國

《臺灣的傳統中國社會》*序

　　陳其南先生將他1975年以來有關臺灣史研究的論文整理成書，題名爲《臺灣的傳統中國社會》。我因爲對他這個研究的經過與論文的內容，很是熟悉，同時對他的學問十分欽佩，所以很高興的寫幾句話來誌記我的欣悅。

　　如陳先生自己的序言所說，這本書所代表的研究是屬於中央研究院與臺灣大學考古人類學系合作進行的「濁水、大肚兩流域人地關係多學科研究計畫」（簡稱「濁大計畫」）的一部分成果。1971年到1975年這四年之間，我有幸得以參與推動這項研究計畫，其中的民族學組在中央研究院民族學研究所李亦園、王崧興等先生領導之下，從事了許多意義深遠的社會人類學研究，其中有好幾個直接涉及臺灣史的研究，他們廣泛地用社會人類學的觀點與方法來處理一般屬於歷史研究的問題。我覺得他們所獲得的成果相當豐碩，讀者也可以從陳其南這本書得見端倪。

　　陳先生這本書分別從幾個方面來探討清代臺灣漢人社會的性質。首先，他把清代臺灣社會的政治控制和移民背景的關係很概

---

　　*陳其南著（臺北：允晨公司出版，1987）。

要的勾勒出來之後，即分析這些移民在臺灣的拓殖過程。他一方面秉承過去學者的研究，確定了早期「墾首制」的開墾型態，另一方面則探討了臺灣地區特有的大小租關係在各個不同階段的起源過程及其性質。這些有關土地經濟問題的討論都扣緊了當時的社會經濟史大環境，並指出它們在結構上的含意。這一點也許是本書較為突出的特點。

接著，作者即轉到社會結構變遷的主題上。陳先生的分析主要是建立在三個基本的結構指標上面的：一個是漢人的祖籍分類意識，一個是民間信仰的寺廟祭祀圈，一個是血緣宗族的發展型態。這些個問題在過去均有不少學者分別做過深入的研究。但是，本書很可能是頭一次將這些個問題整合起來，嵌在一個較為廣泛的歷史社會架構中做深入探討的作品。這樣的研究不但使過去學者對這些個別問題的研究成績及其重要意義更能清楚的展現出來，而且陳先生也從中導出了一個頗受注意並且引起爭論的「土著化」概念。最後一章更加入其他學者的研究，與李國祁教授的「內地化」理論做比較分析。據我所知，這些問題仍在熱烈討論中。顯然，臺灣史的研究已經在這些不同研究取向所結合的影響之下，顯現出前所未有的活力，這是令人覺得鼓舞的。我對這本書的出版特別感到欣悅的另一個原因，是它在很真實的意義上，不但指出了中國社會人類學的前途，並且指出了社會人類學可能應該走的方向。本書大量使用了有歷史深度的可靠資料來討論社會經濟與文化的變遷型態和動力，很清楚地為社會人類學這一類的研究開闢了一條新的途徑。像移民社會的「土著化」這樣有廣泛意義的社會人類學問題，如果僅從現代社會的調查入手是無法談，也看不到的問題。

　　社會人類學自從在西方誕生以來，所研究的對象，主要是沒有文字和歷史記載的社會，因此它所發展出來的一些有關社會文化變遷的理論系統和研究方法，都基於所研究的對象沒有信史這一前提。數十年來，社會人類學者把西方這一套方法和理論介紹到中國來，一直還沒有機會處理如何將這些理論與方法，和一個有悠長文字記載的歷史社會相結合的問題。向來研究漢人社會（尤其是臺灣漢人社會）的中外人類學家，也都以當代的社會現狀爲研究對象，而很少涉及如何將臺灣漢人的社會人類學研究與臺灣史研究相結合起來，以及結合起來以後這種研究對社會人類學這門學科在理論和在方法上可能有何新的貢獻。實際上有不少人已逐漸意識到，目前在整個社會人類學的領域之內要作嶄新的、有創造性的貢獻，唯一可見的機會，是如何針對像中國這樣有歷史時間深度的社會，利用其文獻資料來研究文化社會變遷的問題。把社會人類學與歷史研究結合起來，一定對彼此都會有所啓發的。

　　關於臺灣漢人社會結構變遷的討論（土著化？內地化？抑或其他型態？）我沒有做過深入的研究，不過我相信這個問題的進一步探索應該採取比較研究的途徑。社會人類學的原理原則，不能僅靠單一個歷史經驗的概推，而需靠多個歷史經驗比較，然後再做綜合。對於臺灣漢人研究而言，東南亞及其他華僑社會可能是一個很值得參考和比較的對象，我們不妨進一步仔細研究每一個個別華僑社會的移民史。各個區域的華僑社會可能都經歷了不同程度、不同性質的轉型過程，若加以比較研究並且探究各個華僑社會造成不同轉型過程的各種因素，我相信這是進一步瞭解和解釋臺灣漢人社會發展型態的必要程序。可是這類進一步的研

究，需要我們從事較大規模的設計與作業程序，這也許是今後我們應該共同努力的方向。

1986年9月21日在香港

《臺灣考古學書目》*序

　　自從粟野傳之丞先生在1896年在臺北芝山岩發現石器以來，臺灣的考古學已經有近一個世紀的歷史了。臧振華、劉益昌等先生所編輯的這本《臺灣考古學書目》可以代表這近一世紀以來臺灣考古學上的豐富收穫。作爲臺灣考古工作者，我們面對著這本書是會感覺到一定程度的驕傲的。

　　自從民國四十年參加台北圓山貝塚的發掘以來，我自己從事臺灣考古學的研究也有四十年的歷史了。這四十年間我一直在美國教書，而且以黃河流域的靑銅時代文明爲重要的研究對象，但我一直沒有離開臺灣考古學的崗位，在六十年代、七十年代，和八十年代都與臺灣的同業攜手一起對臺灣考古學進一步的發展上盡了我一份的力量。這是因爲臺灣考古學對我而言一直是有著不可抵拒的魅人的力量的緣故。這魅人的力量的來源，一部分自然是故鄉的召喚；但更大的部分是臺灣考古學的重要性和複雜性的吸引與挑戰。

　　臺灣的面積很小，但它的歷史發展卻具備了全世界絕無僅有的許多客觀條件的結合。它的島嶼環境，在北回歸線上的位置，

---

　　*臧振華、劉益昌等編。序寫於1991年4月7日。

與東亞邊緣最高山脈的存在，造成它生態資源的豐富和系統的複雜，使臺灣成為一個文化生態學研究上一間設備齊全的實驗室。它與中國大陸、東南亞，和大洋洲的地理關係，使它的歷史發展過程一方面在區域發展史的研究上有重要意義，一方面又在文化接觸與民族遷徙的研究上也有重要的意義。島上的眾多的文化豐富的屬於南島語系的原住民族，使臺灣在史前文化與現代文化的連續性的研究上，與在南島語族的起源的研究上，都占有首要性的地位。三國以來大陸漢族文化與本島原住民族的接觸關係，與明鄭以來漢人移民島內與原住民族的接觸同化的過程，又使臺灣的歷史考古學在中國與世界的考古學上要占有特殊的地位。由於這種種因素，臺灣考古工作者要面臨許多重要而又複雜的學術問題。近一世紀以來的考古工作對這些問題的解決只能說剛剛開始。

最近二十幾年來，臺灣經濟發展猛進，成為亞洲四個「小龍」之一，這是值得慶幸的。但在經濟建設的過程中，臺灣的生態系統，考古資源，與原住民文化不可避免地要受到很大的威脅。專從考古工作者的立場來看，固然過去的成果值得驕傲，但瞻望前程，我們更要有強烈的責任感和與時間競賽的決心。所以這本書目不但是過去一百年來的總結，而且更是進一步起步的基線。

張光直謹識　1991年4月7日

《臺灣歷史上的土地問題》*張序

　　這本《臺灣歷史上的土地問題》，是中央研究院臺灣史田野
研究室第一次主辦的一個國際性臺灣史研討會上提出來的論文
的集子。出席這個歷史學研討會的學者，不但來自好幾個國家，
而且來自好幾個不同的學科。這表示臺灣史的研究，已經超過地
方鄉土的範圍而成爲國際上很活動的一門學科了。這也表示今日
臺灣史的研究，即使是在一個核心性的歷史題目即土地問題上，
它也已朝向科際整合的方向前進了。這都是臺灣史的研究在學術
界逐漸成熟與上升的徵象。

　　這次研討會的召開與論文集的出版，也是本院臺灣史田野研
究室趨向成熟的徵象。研究室成立初期的作業，以史料的收集與
保存爲主，因爲這在史料逐漸消失的臺灣經濟迅速建設的時期是
當務之急。但成立這個研究室的終極目標，還是企圖促進史學的
發展，尤其是企圖藉中央研究院豐富的人物資源，與臺灣史界同
人攜手合作一起提高臺灣史的質量與水準。這個研究室主持了一
次國際會議，並不等於它就達到了國際水準。但這是以一個歷史
核心題目爲主題的研討會議，它標誌了一個良好的開端。臺灣史

---

*陳秋坤等編，中央研究院臺灣史田野研究室論文集(1)（1992）。

上值得國際學者繼續研討的題目還多，希望臺灣史田野研究室的同人繼續不斷地推動這一類的工作，使臺灣史對世界史上一般的問題有獨特的貢獻。

　　作爲臺灣史田野研究室的催生者，我藉這本書的出版向六年多以來對研究室的建立與發展大力支持與推動的吳大猷院長和歷史語言研究所、近代史研究所、民族學研究所，及中山人文社會科學研究所四所的所長和同仁表示衷心的感謝。

張光直　1993年1月

《臺灣平埔族文獻資料選集——竹塹社》*張序

　　中央研究院自1986年夏季開始有組織、有計畫地從事臺灣史的研究，它的一個基本目標便是臺灣史史料的收集與保存。在同年底出版的《臺灣史田野研究通訊》的發刊詞，我們曾說過「在臺灣的史學家為臺灣史料所環繞，在『動手動腳找東西』上，有天時地利人和之便，如果集中做臺灣研究的田野工作，不但能夠擴充研究臺灣史的材料，而且可以直接刺激中國史學的進展。同時，臺灣經濟建設猛進，地上地下的史料面臨湮沒的危機，收集保存史料，也是積極進行臺灣史田野研究工作的另外一個基本考慮。」這話說了六年多以來，本院臺灣史研究同仁，打著臺灣史田野研究室的招牌，眞眞正正地從事了許多田野工作，收集了許多地上地下的新史料，專就古文書來說，迄今已收集了近五千多件。

　　不消說，史料的收集並不以收集為唯一的目的。收集是第一

＊中央研究院臺灣史田野研究室史料叢刊系列之一，張炎憲、王世慶、李季樺主編（1993）。

步，目的只是將它保存下來，保存了史料以後的第二步工作是整理，再下一步是研究。收集、整理、研究也不是三段互不相關的先後作業程序，而可同時並進，互相刺激。張炎憲、王世慶、李季樺等三位編輯的這本《臺灣平埔族文獻資料選集——竹塹社》是臺灣史田野研究室所出版的第一本對資料整理與初步研究的結果。在本院臺灣史研究這個小天地之內也有它自己的里程碑的意義。所以張先生要我在這本書前寫幾句話，我便欣然應命。

這本書收入了有關臺灣平埔族道卡斯族竹塹社（在今新竹縣市境）的原始文獻資料。其中年代可以確定者，最早的一件是雍正十一（1733）年，最晚的有幾件都是明治三十四（1901）年的。書中文書契據二百九十件文書中大多是本院臺灣史田野研究室自己採集的。其餘的採自院內院外各公私收藏品及過去出版的彙編。除了這些原始資料外，本書還收錄了清代和日據時代官私地方志書與遊記等有關竹塹社的記述描寫。

張炎憲等編輯的這本書不但是研究竹塹社歷史的一座寶庫，而且相信它的出版對整個平埔族的研究，與漢人開發過程中與平埔族交往關係的研究上，都會有非常重要的貢獻與影響。張先生在〈歷史文獻上的竹塹社〉這篇論文裡，便將這筆材料中所含的好幾個重要歷史問題的線索明指出來了。這幾條線索，尤其是漢人與竹塹社互動關係，不但在臺灣史上是重要的問題，而且都可能包含著史學與社會科學上一般性的意義，希望早日看到張先生在這些方面的更進一步的研究。

張光直　1993年2月

二、大題小作

在學術上迎接二十一世紀 *

　　今年七月七日在中央研究院第十八次院士會上全體院士通過了一封寫給總統李登輝先生的信，對推動臺灣的學術發展有所建議。信中下面這幾句話，對所有從事學術工作的人都應有所啓發：

> 展望前途，尤其遠矚廿一世紀的發展，深感今日中華民族正面臨史無前例的機會與挑戰。現代世界學術發展，突飛猛進，一日千里，如我國不迅速積極發展學術研究，勢將不能面對國際競爭，也不能重建中國文化在世界上之地位，更不能維持國民經濟的迅速成長。

　　信裡面對中央研究院在這方面的需要，有具體的建議。但這封信所涉及的大問題，則是每一個中華民族的成員——或至少其中從事學術工作的成員——都值得拿來檢討一下的。面對這個「機會與挑戰」，我們應當如何在學術上迎接二十一世紀的來臨？

　　這是個大問題；就從事學術工作的人來說，再沒有比這更大的問題了。教書三十年以來，一直勸戒學生的，是千萬不可「大題小作」。可是這個大題只能小作。我們在這個題目上只能發揮

---

* 原刊《中國時報》副刊〈人間〉，1988年7月15日。

一點老生常談式的看法，但「老生常談」也有不同的意見，所以表示一下個人的立場並且略作說明也便可以將在這題目上的討論帶往一個方向去。

要回答這個大問題，我們不妨問一個具體的小問題：在通過我們的下一代的教育而爲他們準備迎接二十一世紀這上面，人文社會科學應當占有什麼樣的地位？

「成績好的學生多唸理工醫」，這條顛撲不破的眞理恐怕由來已久，至少在我自己上高中分組時便是如此，那已是四十多年以前的事了。近三十年來在美國大學教書，眼看華裔子弟在大學本科錄取的人數一年比一年增加，到今天在我教書的私立大學裡已占有十分之一以上的比例了，這在我這個華裔教授看來，自然是個可喜的現象。但是這些學術優異的華裔子弟中間十個有九個是專攻理工與醫預科的。從與他們閒談中又知道，他們的父母在他們科系的選擇上常常發揮過很大的作用。首先，他們的父母本人便常常是學理工或醫學的，在家自小耳濡目染之下子女長大以後也不免傾向理工醫學。有的子女對文史有興趣，但在父母的慫恿或壓力之下也轉到理工醫學去了。這些「父母」們有不少是來自臺灣的，所以我們在美國若干大學中所見華裔子弟之輕文史重理工醫的現象顯然在很大的意義上是臺灣同樣的現象的延長。十幾年來，我在大陸的大學裡面訪問多次，與大學生們也談過不少次，也看到類似的現象，只是不如臺灣之烈。

理工醫等自然科學技術研究的重要性是顯而易見的；這方面的研究自有史以來對人類生活的貢獻也是顯而易見的。今天物質生活水平之高，多靠科技之賜。幾十年來全世界大部地區人口壽命明顯延長，也是靠科技之賜。科學技術在二十一世紀一定不停

的進步,而且是作加速度的進步。中國如不加緊趕上,不要說不能躋身於大國之林,就連基本的生存都會發生問題的。

　　但是二十一世紀對我們從事學術工作的人的大挑戰,我相信不是在科技的賡續發達,而是在如何有效的掌握科技的發展與有益的運用科技的成果。要達到這些目的,我們需要在社會制度與人文價值的研究上作根本性的貢獻。二十一世紀的問題,現在已經可以看得出來的,是科技的發展,一定比現在的還要迅速,跑到對它的成果能夠有效、有益的運用的社會制度與指揮那社會制度的人文價值的前頭去了。從下面這幾個例子可以看出來下世紀的大問題不是科技的問題而是人文社會的問題:

一、核子能源的和平使用與安全使用。

二、訊息系統飛躍進展之下對個人權益的保護。

三、醫學進步使壽命延長而引起的老人問題。

四、促進農產的化肥與農藥長期使用所引起的土地貧瘠與河海汙染。

五、造成現代工業革命的植物化石燃料所致的大地臭氧層的消耗與此有關的氣候變化與海岸線變遷。

　　這一類的例子還可以一個個舉下去,而它們顯然不是枝節性的而是有關人類的存亡的問題。二十一世紀的人類,也就是我們的下一代,他們面臨這些問題是需要有答案的。有人一定會說,這些問題的答案是更多的科技、更好的科技。但也有人說專憑科技是不夠的;我在七月廿一日的《中國時報》上看到清華大學的沈君山教授在為擔任行政院政務委員而發言時表示「未來科技發展不宜再有獨尊技術的作法,而應該與多元化的社會價值適度調和。」作為政務委員的物理教授有這種看法,使人對臺灣的前途

感到樂觀；我完全同意沈教授的話。我要再加一句：不但要與多元化的社會價值適度調和，而且要受以人類福利為目標的社會制度的控制。

什麼樣的價值？什麼樣的制度？從人文科學、社會科學的研究上提供一些答案出來，這正是從學術上迎接二十一世紀的當務之急。

「天人合一」的宇宙觀與中國的現代化 *

　　我謹代表今天接受榮譽學位的各位同人，向香港中文大學表達深切的謝意。我們之中有的是中文大學的朋友，有的是它的成員；今天在這裡接受這所我們所愛慕的學府頒授的殊榮，我們都感到萬分榮幸。

　　這個榮譽學位對我們來說，既是已有成就的獎賞，也是繼續作出貢獻的激勵。香港中文大學本身象徵著許多意義，作為一所大學，它首先當然代表教學和研究。但在我看來，它更體現一種歷史進程。這個歷史進程自鴉片戰爭（1840－42年）以來便一直存在，是中國近代史中大多數重大事件的根源，而且將可能決定中國的命運。我所指的，就是中國的現代化，也就是中國向西方學習的過程。中文大學在香港這個殖民地建立，因緣際會，成為人類歷史中兩大文明，即中國文明與西方文明的交匯點。因此，研究關於中國現代化的重大問題，中文大學是最合適不過了。它有足夠的條件，成為這項研究的領導者。

---

* 原刊《香港中文大學校刊》，1990年秋冬。

中西文明為不同的原則所支配

如何依照西方的模式，將中國這個古老的國家現代化，是近代中國的政治家與思想家爭論不休的論題。作為著眼數千年前的中國的考古學者，我不敢冒昧談論現代中國的問題，尤其不敢在這樣一篇簡短的講辭裡討論。但是我可以指出，中國與西方這兩大文明，從肇始已基本為不同的原則所支配。中國文明，起源於上古的夏、商、周三代，當時的物質財富，正是發揚這文明的基本條件；而要積累並集中這些物質財富，又有賴於掌握及運用政治權力。至於西方文明，乃起源於古代的美索不達米亞，它當時的財富得以積聚，卻有賴於應用新科技，並通過貿易加強對各種資源的運用。歷史上，中國與西方都經歷了迂迴曲折的變化過程，但，很概括地說，過去數千年，在財富的產生與人事管理上，中西兩者一直保持著兩種不同的方式，即政治方式與經濟方式。如果沒有外來的干擾，中國今日可能還在走它自己的道路。在悠長的歷史中，這條路時而導向興隆，時而導致衰敗。我們無法估計一個假設未受過外界干擾的中國，今天會是一個富強之邦，還是衰弱之國。

中國現代化成功的關鍵

我們無法作出估計，是因為中國沒有機會作出抉擇。如歷史學家黃仁宇教授最近所指出的，西方資本主義的擴張與由之而來的接觸，使其制度與觀念之傳播難以抗拒，因而迫使中國走向現代化。這個現代化性質之徹底與規模之巨大，黃仁宇教授稱之為一次「革命」，並且預料這將是一次長期的革命。這些看法是合

理的。而一場革命要取得成功，必須要有藍圖。近代政治家與思
想家已經提出各種藍圖，但顯然沒有一種證明是完全有效的，否
則我們就不必再討論這個問題了。

其實中國現代化成功的關鍵毫不神秘：既要保留傳統文化的
優點，又要採納西方文化的優點。而問題是究竟那些是「優點」
及「如何」給以保留和採納。傳統文化中的優點是什麼？如何保
存它們？西方文化的優點是什麼？如何採納又不致擾亂中國人保
留傳統優點的願望？這些都是難以解決的問題。例如，西方科技
對延長中國人的壽命與提高中國人的生活水準肯定有貢獻。中國
能從更多的、更進步的西方科技中受益，也是不成問題的。可是
中國能否在持續輸入西方科技的同時，又不破壞「天人合一」這
個傳統的重要宇宙觀呢？或用現代術語說：能否保存中國傳統生
態系統的完備呢？又例如，現代西方市場經濟手段能夠刺激創業
者的創造觀念，並且能夠對這些創造觀念給予獎賞，這是肯定
的。但是一旦我們也採取這種手段，又能否不致破壞中國傳統所
尊重的，既合理性又成體系的人間秩序呢？

從我提出這些問題的理路與方法，各位可以清楚地看出，我
作為一個考古學者，相信數千年來，人們對宇宙和對人間秩序的
安排，一直有兩種不同的方式，而我並不相信這兩種方式中，有
一種完全勝於另一種。我對中西文明之對抗，及其中之一可能被
迫同化感到憂慮。

從中西不同觀點看人類與自然的關係

我的憂慮有許多原因。但最使人擔憂的，是中國傳統的核心
概念與西方的價值觀念明顯的不協調。中國傳統的「天人合一」

概念，建基於與人類和自然之間一種和諧的關係，建基於傳統文化行爲的一致性，這些行爲表現在農業、建築、醫藥、畜牧、烹飪、廢物處理，以及物質生活的每一方面。而西方觀念卻不然。劍橋大學迪斯耐考古學講座教授柯林・任富儒教授把「文明」這個概念，界說爲人類達到高於動植物，而能將自己與其他自然物區分開的文化水平。這個典型的西方觀點，顯示人類是自然的征服者，而且把自己放在高於自然的水平之上。西方人的確達到這個目標了。他們的工具，就是改變自然的技術，與重新分配自然資源的貿易。

西方文明以技術和現代化貿易（即資本主義的市場經濟）雙管齊下而迅速發展，它是否已經嚴重地改變了天人之間的和諧關係呢？世界上的科學家早已警覺到，標誌先進西方文明的所謂「經濟發展」，帶來了一連串的問題，諸如「溫室效應」、空氣與水的汙染、「核子精靈」、耕地的荒廢及肥料流失、水荒、毒性廢料等。

我在這裡再舉一個日常生活的例子。在標誌美國保護用戶利益的《消費者報告》90年8月號中，有一段關於牛肉的推論：「佔全世界人口二十分之一弱的美國，吃掉的牛肉佔全球產量的四分之一。……如果美國人大量減少吃牛肉，情況又會如何呢？現在種植穀物以餵牲口的土地，可否用來種植其他糧食作物，以養活世界各地的饑民？理論上是可以的。但是減少牛肉的需求，不一定導致其他糧食的增產，或給饑民生產多些食物。生產其他作物一定要有市場的需求，而且也得有人承擔爲饑民種植糧食的經費。否則原來的玉米田，照樣會休閑，或是用來加建房屋。」

這篇牛肉的論述，並沒有甚麼深義或是獨特之處，這只不過

是常識，令人想起愛爾蘭馬鈴薯的老故事。在經濟社會裡，人類與大自然的接觸，不可能不受經濟的干預，這種經濟的干預，通常建立在社會中不同群體之間的實質利益上，而絕不會建立在全人類的生存利益的基礎上。熱帶森林往往被夷爲平地用以牧牛，供應肉食；這樣，牛肉與熱帶森林，正是魚與熊掌，怎可兼得？

中國應如何抉擇

還是讓我談談中國的情況罷。西方模式的經濟發展，對提高中國人民生活水平，的確產生短期的奇蹟，所以它似乎是中國人所要求的。任何一位中國統治者，都會把更多更大型的科技，以及市場經濟包括在其管治藍圖之中，因爲他們首要的任務，是滿足十一億中國人吃飯的需求。可是，我們能否一方面採用新科技和市場經濟，另一方面又保持我們傳統上與自然和諧相處的關係呢？又能否保持我們傳統的人間秩序呢？我想請教在座的環境科學家一個問題：過去幾十年，工業建設明顯提高了中國人的生活水準，但它有沒有對我們的美麗河山，對我們的森林、土壤、空氣，帶來無法補救的破壞呢？破壞的程度又有多大呢？

我堅信，若要成功實現現代化，或者，實際上要國家能生存下去，中國必須既要有技術與貿易，又要「天人合一」。如果能夠重新發揚「天人合一」這個概念，將可對全人類有重大的貢獻。可是這個概念並非中國人專有，因爲其他文明也有類似的信仰。例如十五世紀墨西哥的阿茲忒克人，「把他們的都城和都城環境的關係，看作一個整合的宇宙結構，即一個有秩序的宇宙；並視其中的自然現象爲本質上神聖的、有生命的，且與人類活動有密切關係的……印第安人以一種參與的意識來對待自然現象：

他們視宇宙為各種生命力之間的關係的反映，而生命的每一方面，都是在一個內部關係互相影響的宇宙體系中的一部分。」（引自理查‧湯森，1979）「天人合一」的宇宙觀曾經是世界上許多地方人類文化的常規，理應可以再次建立它的地位。

如何貫徹天人合一的宇宙觀

然而，只憑空談並不能恢復這種傳統宇宙觀的地位，單單堅持正確的價值觀亦不濟事，還需建立堅穩的制度，以確保這些觀念的貫徹。也許現在已有容許先進科技和市場經濟，在「天人合一」的道德環境裡繁榮起來的制度，又或許這種制度根本未誕生。但無論如何，我們都得把這種制度建立起來，或識別出來，並發揚光大。我猜想這種制度可能產生於某種民主進程中；但要將其辨認，必須在人文和社會科學範疇中，作大量的學術研究與實驗。香港中文大學在人文及社會科學領域裡，有許多優秀的教學與研究計畫，領導研究明天中國文化中的「人」和「天」，是這所大學義不容辭的責任。中大編刊《二十一世紀》雙月刊，令人十分鼓舞，希望這只是同一目標下眾多的新猷之一。在未來數十年間，經濟發展仍備受注意，那麼人文及社會科學的研究與實驗，在香港和中國，特別在未來歲月裡，能否得到各方面足夠的關注呢？即使如我們所希望的，這方面的研究和實驗得以開展，但又能否對我們上面所提出的問題，及時提供實際有效的答案呢？這些都是令人關心的。

各位畢業同學，這是我們大家共同面臨的一項挑戰。典禮結束後，我們就得捲起袖子，投入工作。我們要做的事太多了。

從中國古史談社會科學與現代化 *

　　最近一二十年以來，世界古史研究上的大事也許很多，可是照我看，其中意義最爲深長的，是我們對中國古代文明形成的經過有了比較深入確切的了解；從這個了解去看世界古史，我們又能看到人類文明起源史上的新規律。從這新規律出發，我們對今日的世界又可能增加一層新的認識。

　　中國古史的新局面，是從好幾方面的學術進展所開闢出來的。這中間最要緊的進展是考古學上的。中國各地大量的新發現、新研究，使我們具體的知道了中國文明起源的經過，和每一個階段的歷史與內容。另外，在古文字的研究上也有突破性的進展，如周原甲骨文的發現、商周爻卦符號的發現和新研究，以及對商周王制、都制的新看法等等，都是過去所未見的。其中對古代美術品上面動物紋樣的意義的研究，尤其對中國古代宗教和政治之間的關係的了解，有突破性的作用。

　　這一類新的研究的結果，使我們充分了解到一件事實；中國古代文明社會的產生，也就是說有城市、有國家、有文字、有偉大藝術的新社會的產生，不是生產技術革命的結果，也不是貿易

＊原刊《中國時報》副刊〈 人間 〉，1986年4月1日。

商業起飛的結果，而是逐漸通過政治程序所造成的財富極度集中的結果。具體的說，這種政治程序的成份包括：宗法制度所造成的政治等級，宗族與武力的結合，以戰爭為掠奪征服的工具，獨佔巫師用以溝通天地之法器的藝術品等等。

由於中國古代從野蠻社會邁入文明社會的過程是經過政治程序，而不是經過技術革命和資源貿易的程序，因此文明的產生在中國並沒有造成人與自然的關係之根本性的變化。就意識形態上說，中國古代文明是文明產生以前的同一個框架之內繼續發展下來的，其發展過程並沒有破壞原來的意識形態框架。用杜維明先生的話來說，中國古代宇宙觀的一個主要基調便是存有的連續：「中國哲學的基調之一，是把無生物、植物、動物、人類和靈魂統統視為在宇宙巨流中息息相關乃至相互交融的實體。這種可以用奔流不息的長江大河來譬喻的『存有連續』的本體觀，和以『上帝創造萬物』的信仰把『存有界』割裂為神、凡二分的形而上學絕然不同。」（見杜維明著〈試談中國哲學中的三個基調〉，載《中國哲學史研究》，1981年第一期）

如果把對中國文明產生程序的這個新的認識放到世界古史學上去看，我們很快的就能得到相當重要並非全在意料之中的兩項結論。第一，中國文明之始的這種特徵並不是中國獨有的，而是與世界上其他古文明，尤其是太平洋沿岸各區的古文明一樣的。例如古代墨西哥一帶的馬雅文明，也可以說是建築在由政治程序所造成的財富集中上面的，而且它的形成也不牽涉到重要生產技術的革新或大規模的生產資源的流通貿易。上述中國古代宇宙觀裡面的所謂存有的連續，也同樣是美洲印地安人傳統哲學的一個基調。不少人類學者主張，在美洲文明的下面有一個連貫亞、美

兩洲的巫教的底層，它可以說是中國文明與美洲文明的共同祖先。事實上從這個底層裡面，後來萌生了不少文明社會，而它們的發展程序和動力都是相似的。

將上述對於中國古代文明的新了解，拿到世界古史上去加以比較，我們得到另一項結論：這個新了解與我們多年來奉為金科玉律的社會科學上講社會進化的一些原則發生了根本性的衝突。照西方社會科學的一般說法——也是世界史教科書裡面通行的說法——古代文明社會的產生是生產技術革新與商業發達所造成的生產原料和產品流通的結果。照這種說法，古代國家產生以後，親族制度式微，又產生政教分離，而且文字的產生最初是為了記錄貨物的流通。可是中國文明產生的情形與此迥異；親族制度與國家制度連鎖起來，政教沒有分離，文字最初的使用與經濟記錄很少關係。

這兩項結論——即中國文明起源程序與世界上大多數非西方的古代文明的起源相似，但是與我們一向奉為圭臬的西方社會科學所定的規律不相符合——清楚的指出中國古史對社會科學一般原理的制訂上面可以做重大貢獻的方向。換句話說，它使我們覺察到了一件重要的事實，即一般社會科學上所謂原理原則，都是從西方文明史的發展規律裡面歸納出來的。我們今後對社會科學要有個新的要求，就是說，任何有一般適用性的社會科學的原理，是一定要在廣大的非西方世界的歷史中考驗過的，或是在這個歷史的基礎之上制訂出來的。退一步說，任何一個原理原則，一定要通過中國史實的考驗，才能說它可能有世界的通用性。現在社會科學裡面已有的那麼多原理原則，如果其中有的不能通過中國史實的考驗的話，我們再不能說這是因為中國歷史有特殊

性、有例外性的了。我們不妨慎重的來考慮這條原則可能是不完善的、是需要修正的。如果世界上的社會科學者認準了他們的理論必需通過中國史的考驗，那麼擁有極其豐富史料的中國史，對社會科學貢獻的潛力是難以估計的。所以我在有一個場合裡提到過，二十一世紀的社會科學可能是中國的世紀。但是中國學者若要抓緊時機，對社會科學做重大的貢獻的話，頭一件要做的便是把西方社會科學學好。中國史料裡面與社會科學有關的種種真理，不是不言自明的，也不是閉關自守的學究所能發掘出來的。

　　中國古代文明與西方社會科學之間的關係的正確了解的重要性，應該分兩方面說。一方面如上面所說的，它使我們看出來現有對西方社會科學的局限性和中國歷史（以及其他非西方史）在社會科學上的偉大前途。另一方面，它也使我們西方文明若干偉大的特點與它在人類歷史上的突破性，增加了本質上的了解。

　　把西方文明從歷史上向上追溯，一般我們可以追溯到公元前三、四千年以前兩河流域的蘇美（Sumer）人的文明中去。這個文明的前身的宇宙觀和社會制度的詳情目前無法得知，但是我們推測它與同時代的東方的文化可能並沒有基本上的區別。但是到了蘇美人的時代，或到了這個時代以前不久，兩河流域的歷史發生了革命性的突破，此即在人類社會與自然世界之間的關係上的突破。這項突破所取的形式包含兩項主要因素：其一是生產技術的革命，使用金屬生產工具和構築大規模灌溉工程，這是從技術上而不是僅透過政治的程序取得生產量的遞增和財富的大量集中。第二項因素是生產原料的大規模的貿易流通，造成地方文化的彼此連鎖，超越地方性自然資源的限制。這種突破可以說是人類歷史上第一次自地區性自然資源的束縛中得到解脫。與此相應

的是蘇美人的宇宙觀裡面，出現了完全在人界之外而又具有創造性的神祇，因而在社會制度裡面，出現了分立的宮廷與教廷。承襲這個傳統的西方社會科學便以文明與「存有的破裂」（而不是存有的連續）相結合，把人類文明不再當做是自然界的一個有機成分，而是超越在自然以外的一個人工性的產品。這個看法從劍橋大學考古講座教授任富儒（Colin Renfrew）先生給「文明」所下的一個定義可見一斑：「我們可以把一個文明的成長程序看作是人類在逐漸創造一個比較大而且複雜的環境；這不但表現在透過對生態系統之中範圍較廣的資源之越來越厲害的利用的自然領域中，而且在社會和精神的領域中也是如此。野蠻的獵人所居住的環境，雖然已經為語言的使用，及文化中一大套的其他人工器物的使用所擴大，但它在許多方面與其他動物生存的環境並沒什麼不同，而文明人則居住在說來的確是他自己所創造出來的環境之中。在這個意義上，文明乃是人類自己所造成的環境，他造成了這個環境以將他自己與那原始的自然環境本身隔離開來。」（Colin Renfrew, *The Emergence of Civilization*, 1972）

這個定義所代表的「文明」與「自然」對立的觀念與中國的「天人合一」這一類的觀念構成鮮明的對比。這種對比在西方文明與中國以外的非西方古文明接觸面上，也是可以清楚的看到的。下面這一段文字所描寫的兩個宇宙觀的對比，不是中國和西方的對比，而是古代中美阿茲忒克人與西班牙人的對比：

墨西哥人（即阿茲忒克人）把他們的都城 Tenochtitlán 和它的環境之間的關係看做一個整合性的宇宙論的結構——亦即一個有秩序的宇宙，在其中自然現象被當做是從本質上說是神聖的，有生命的，並且與人類的活動發生密切關

係的。這種觀點與歐洲人的看法相對比：後者把城市看做文明的人工產物，亦即宗教與法律制度在那裡很尖銳的將人類的身分與未經馴化的自然的身分區分開來的地方。西班牙的修道士與兵士們自動的就將作為人類的他們自己放在一個由上帝所創造的秩序之中，一個比其他形式的生命更高的層次上面。但是阿茲忒克印地安人則以一種參與其中的意識來對待自然現象：宇宙被看成是各種生命力之間的關係的反映，而生命的每一方面都是一個互相交叉的宇宙系統的一部分。（Richard Townsend, *State and Cosmos in the Art of Tenochtitlán*, 1979）

這種鮮明的對照在中國人的眼光看來是十分熟悉的，而中國文明與西方文明最初接觸的情況，與阿茲忒克文明與西方文明接觸的情況也是相似的。蘇美人的文明出現了以後的五千多年期間，中西文明雖屢有接觸，可是西方文明和它的宇宙觀，與中國文明和它的宇宙觀，要到了十九世紀才發生了密切的接觸與震盪，造成了近百年來的中國西化運動或現代化運動。從古史的角度來看，我們可以說，在西方文明首次突破的五千年以後，非西方文明才開始要向它迎頭趕上。西化運動是否應當在中國施行，在今天來說已是一個沒有意義的問題了，因為它已經在全世界廣泛推行了。知道了所謂西化的古史根源，對中國社會以及其他非西方社會而言，在它們如何設計怎樣應付西化運動上有沒有積極的意義呢？我不知這只是一個純學術性的還是一個多少也有實際意義的問題。

人類學的社會使命——評介陳其南《文化的軌跡》*

　　人類學在二十世紀的八十年代，除了純粹科學性的意義以外，還有沒有社會的使命？多年來我隨時檢討當代人類學使命這一個課題，而所得的答案也一直是肯定的。在西方科技文明發展洪流之下站在弱小民族的立場認尋他們自己的文化和協助保存他們自己的文化，這是一例。站在世界文化變異與人類歷史的觀點對自己的社會與文化作建設性的檢討與評論，這是又一例。如果這兩個例子可以代表當代人類學的若干任務，那麼我覺得陳其南先生這兩冊文集所收的文章，可以當作當代人類學發展方向的有力代表。

　　每門學問都有它的一套神話——或跟著本書的術語稱之為「迷思」——而人類學亦不能免。自學生時代以來有不少老師和同業不斷向我灌輸的一個「迷思」，便是人類學者不宜研究他們自己的文化。我想這是人類學早期習慣的一個遺痕，同時又代表我們常犯的一種迷信，即研究別人可以客觀而研究自己則不易客

＊原刊《中國時報》副刊〈人間〉，1985年12月23日。

觀。現代人類學是歐洲人在工業革命之後到全世界去開拓殖民地時，與非西方文化尤其是原始文化接觸之後所發展出來的一門新學問。這個新學科的特點，是把個別文化放在從時間上空間上所見的多種文化形態當中來研究，同時這種研究是要基於在個別文化中長期而深入的田野調查來進行的。用這種作法所獲得的有關社會人文的新知識，一方面能夠深入個性，一方面又照顧了世界性；一方面尊重文化的相對性，一方面確認文化的一般性。這種作法，這樣的知識，是別的學科所不及的，因而造成人類學在若干社會科學領域內的優越性。

到了今天，殖民主義早已衰落，或者說是為新的經濟形態所取代，歐洲文明早已不再是人類學的出發點了。莫非因此人類學這門學科便也應當淘汰掉麼？當然是不應當的——人類學的觀點和方法仍是我們研究文化社會的有力工具，可以應用於別人，也可以應用於自己。它只是一套工具，而學者使用它的時候是離不開他自己的民族立場、政治見解、價值觀念的，我們研究自己的時候是具有這種立場、見解、觀念的，但我們在研究別人的時候亦何嘗不然？

二十世紀八十年代的中國社會面臨著許多新舊交替時期的基本問題，而這些問題每每牽涉到對中國問題的世界意義的深入了解，亦即牽涉到文化因素的相對性與一般性的問題。例如有人主張「天賦人權」，因此不論在中國還是歐洲人權都是絕對的，但也有人說極權是若干非西方國家的國情，是數千年傳統文化，因此西方的人權觀念在這些國家中不能適用。又例如有人說少數民族的語言文化應當不惜一切加以維持，即使因此而在生活水平的提高上有所犧牲，但也有人說少數民族更應加速進入二十世紀，

即使因此而喪失固有文化亦在所不惜。這一類的問題是很難回答的，但它們並不僅是中國的問題，它們是全世界性的問題，是人類學者研究的中心對象。人類學者不一定有比別人都好的答案，但是從世界看中國正是他們的專業。

陳其南先生這兩冊文集所收他十年來陸續寫作的文章，多是用人類學的觀點來探索一些當代中國社會裡很尖銳出現的一些新舊交迭的問題的。不論他在每一個問題上的看法是不是都能得到每一個讀者的同意，我覺得他處理這些問題的方向是值得欣賞的。他在耶魯大學讀書的時候，我便知道他一方面在最深刻的人類學理論問題上能夠與西方的學者交換意見，另一方面他又從不丟失他那濃厚的鄉土氣息。我覺得這也是他這兩冊文集的特色。這些文章所討論的題目，常常涉及人類學理論的核心，但這些題目又多是切身的實際問題，而且他所用的語言也是大家都能了解都能欣賞的。他應中文大學之聘去香港任教，是香港的收穫，卻是臺灣人類學界與臺灣社會的損失。這個文集的出版，如果能將陳先生的人類學和他從人類學的角度對當代問題的看法，引起臺灣社會更大的注意，那麼它也許可以彌補一些陳先生所遺下的損失罷。希望他繼續藉臺灣的報刊與家鄉保持聯繫。

再談人類學的社會使命——簡介「文化長存學社」*

　　〈人間〉副刊在去年十二月刊出了我為陳其南先生新著《文化的軌跡》一書所寫的一篇短序。並且替它加上了一個題目叫〈人類學的社會使命〉。在這篇小文裡我曾提到人類學者對少數民族文化傳統之保存的問題，應該有值得注意的看法。有位朋友看了這篇文章以後就來問我對臺灣高山族在臺灣近年經濟迅速發展影響之下所遭遇的各種問題有什麼看法。我對於高山族所遭遇到的種種問題雖有所悉，卻對具體情況了解不夠深入，而且也沒有研究過政府的山地政策，所以目前在這個問題上不敢妄自置筆。但是我們不妨在一般少數民族所面臨的較大問題上作一些原則性的討論。

　　現在的國家多半都是「多民族」的。國家與國家之間儘管有很大的不同，但在民族關係這一點上它們彼此之間卻常有一些基本的相似性。一個國家內多民族中常有一個主要民族，其它的則是所謂少數民族。在「發展中的國家」裡面，一般來說其主要民

　　　　*原刊《中國時報》副刊〈人間〉，1986年3月24日。

族不論在物質文化上還是在經濟發展上都是比較先進的，而少數民族多是比較落後的。在這種國家中的經濟發展規劃經常是由主要民族來主持的，而在這經濟發展過程之中，少數民族的居住地區和固有生活方式常常受到威脅，於是便發生是否加以保存、如何保存這一類的問題，在這種情形之下，主要民族對少數民族的語言文化應當採取什麼樣的態度？一般來說，在發展中的國家中，少數民族常被看做是阻擋經濟現代化的絆腳石，而他們固有文化（常常是比較落後的文化）的消失也就常被看做是全國經濟現代化所必付的代價。這種態度自然會導致少數民族固有生活方式的破壞與傳統文化的消失。這一類的情形，在主要民族與少數民族屬於不同種族的時候（如中南美洲拉丁語族與印地安人之間的關係）尤甚。中國的主要民族與絕大多數的少數民族都是屬於同一個種族的，所以種族歧視在中國來說並不是一個主要的因素，但是漢民族數千年傳統下來的優越感則是一個很重要的因素。

在這個問題上，主要民族與少數民族的立場和考慮點可能有所不同。從主要民族的地位來說，一方面，不顧一切以大喫小的作風應是他們的正義感與自尊心所不允許的；另一方面，他們自己文化的賡續與發揚也要依靠豐富多彩的多民族文化傳統的有利環境。因此，少數民族語言文化的保持應該是對主要民族有利的。可是少數民族自己對自己傳統語言文化保存問題的立場自然是更要考慮的。他們對外來的經濟發展可以視爲威脅，也可能加以歡迎。他們可能珍貴自己文化傳統，也可能自動的將其全部或部分加以拋棄。從狹義的、技術的立場說，少數民族固有文化保存與否有待少數民族自己的選擇。因爲他們人數少、勢力弱，文

化水平不一致，所以更重要的是要造成使他們能夠做自動的、明智的、不受壓力的選擇的客觀條件。在這種客觀條件的創造上，以研究少數民族文化和社會爲專業的人類學者，是有做一部分貢獻的能力的。

爲了供國內人類學者的參考，我想介紹一下我現在敎書的大學裡的幾位同事——都是社會科學者，主要包括社會人類學者——所建立的一個專門爲少數民族服務的叫做 Cultural Survival Inc. 的一個機構。這個名字翻成中文很難，姑譯之爲「文化長存學社」，下面將他們自己所寫對該社宗旨與手段的一篇簡介翻譯一下：

> 作爲一群哈佛大學的社會科學者在1972年所建立的一個非營利的組織，文化長存學社所關切的是世界各地部落民族與少數民族的命運。在政治和理論立場上差別很大的許多人卻都常常假定這些比較弱小的社會注定是要消滅的。所以一般的趨勢是把對這種社會的前途加以關切的人類學者等人，當做是想要阻擋歷史潮流的嗜古主義者，或當做對進步發展的代價比對進步發展的好處更爲關切的感傷主義者，而輕易加以摒棄。可是，文化長存學社堅持主張（並在它的出版品中將這種主張加以證明），將弱小的傳統社會加以滅絕的，並不是什麼抽象的歷史程序，而是貪婪與無知。他們一般多半是被他們所在的自己的國家所趕掉或消滅，正正因爲他們是微弱無力因而容易令人生念的目標。除此之外，他們還在他們被認爲一定會加以阻礙的經濟發展規劃名義之下，或者在他們被認爲一定會暗中加以顚覆的國家的名義之下，遭受到毀滅的命運。

文化長存學社出版一份定期季刊,以及專書、不定期論文和特別出版品,用它們來從書面上證明部落民族和少數民族所遭受的凌辱,並且來從根本上反駁將對他們如此對待加以辯護的證據。通過這種方式,它的宗旨是來證明這些民族實際上是經濟利益或思想偏見的犧牲者。一樣重要的是文化長存學社又能證明這一類的犧牲是不必要的而且可以避免的,傳統的社會不一定非是經濟發展的絆腳石不可的,同時如果給予機會的話他們是可以做為多民族國家中有生產能力的參與者的。因此,文化長存學社希冀能說服在這類問題上關心的政府和國內或國際的組織,來主辦或支持將傳統社會包括進去而成為參與者和受惠者,而不是將他們排斥在外成為行動過程中之犧牲者的發展規劃。

學社並且願意也有能力來幫助設計和實行在文化上有敏感性的規劃來協助部落民族和少數民族。這種規劃的目的,經常是來保證有關社會的土地基礎,來保證他們的身體安全(以防疾病和外來攻擊),來促進他們在區域經濟中的參與並來幫助他們保持他們的文化完整性和尊嚴。這類規劃有兩項彼此無關的特性需加以強調。第一、文化長存學社是不在智囊團所發明的模式基礎之上來設計他們的規劃的。事實上它將它自己的研究經驗來給它所要幫助的社會來服務,來以與這個社會相合的方式來處理這個社會自己所看到的種種問題。第二、文化長存學社(這個機構)不把文化長存(這個概念)看做對固有習慣或風俗之把緊不放,而把它看做是一種社會對它自己的事務和它自己的未來之有它的發言權利,文化長存學社的工作規劃的宗旨,

因此乃是來創造使一個社會能保存相當程度的自主權和自決力量的各種條件，因為這在文化的尊嚴和延續上是必要的。

文化長存學社並不妄自尊大的來鼓動別的社會來對他們的傳統忠實，因為它相信所有的社會都是不斷在變化的，而且許多社會正在自動的將它的傳統加以拋棄。但是它的確是要幫助部落社會和少數民族來維持他們文化中他們自己認為是重要的諸方面。這有種種不同的作法。若干社會得到幫助來寫作和發布他們對自己歷史的看法。有些社會得到幫助來寫作語言課本好使他們的下一代能夠學習他們自己的語言。又有些得到幫助來傳布他們的藝術傳統，所得收入再放回社區規劃中去，還有些得到幫助來做他們所要做的宗教儀式的視聽紀錄，尤其是他們中間的儀式專家已趨於絕滅。另外有些得到幫助，將他們的文化產品陳列給他們自己也給外人參觀。最後還有些得到幫助來保存他們自己的傳統教育的中心。

文化長存學社將它的比較帶開發性質的工作，與它的更以文化為焦點的規劃，看做是一個硬幣的兩面。它們是以協助部落社會和少數民族能夠做為多民族國家的參與者而不至於喪失他們的尊嚴或他們自己的生活方式以及他們對自己前途有發言能力為宗旨的規劃的不可分開的部分。

上面將文化長存學社的「宗旨與手段」用硬譯方式全部的介紹一下，是因為這幾段話並不只是泛泛的原則和理論，而很具體的描寫了它的工作的種類和性質。過去幾年來這個學社比較有名的活動成果，是採取遊說團的方式到各處去做說服工作，包括到

美國國會去作證，終於說服了世界銀行，在貸款給巴西政府做經濟發展規劃活動時，堅持在貸款上掛上了嚴格的條件，來保留經濟發展地區內印地安人土地並且與印地安人自己一起從事土著文化保存活動。照1985年文化長存學社自己的報告，他們的活動範圍伸及下列各國：玻利維亞、巴西、哥倫比亞、厄瓜多爾、墨西哥、中東、南彌比亞、尼泊爾、巴拉圭和秘魯。其活動的種類包括資助印地安人自組文化團體、協助建立衛生機構、資助人類學者撰寫印地安人奮鬥經過、協助印地安人編輯出版消息報、為印地安人中學購買教學器具、資助植林實驗、協助印地安人爭取土地法權，以及協助土著民族建立文化館等等。

文化長存學社這一套宗旨和手段在中國有沒有參考的價值？中國的人類學者與社會科學者是否也可以組織類似的機構來做為政府與少數民族之間的橋樑以為少數民族服務？這是要由中國政府、中國人類學者、與中國的少數民族自己去商討決定的。專就臺灣來說例如中央研究院民族學研究所已經成立了三十多年，是有關高山族研究的最高學府，是有資格做這種橋樑工作的。在這方面，文化長存學社成立十幾年來的工作成績，可能對民族學研究所或類似機構作這一類的工作上有些參考價值。

另外一方面，我們也可以很清楚的看出來，文化長存學社的基本出發點是肯定西方經濟發展的普遍價值的。他們協助部落社會與少數民族的主要目的，是幫助他們成為這種經濟發展的參與者而不作為其犧牲者。如果經濟發展與傳統文化能夠併存併進，這便合乎文化長存學社的目標了。西方式的經濟發展似乎是今日世界大勢所趨，所以文化長存學社的哲學與做法可能是最為實際的。不過，從中國的立場來看，多年來中國經濟的依照西方模式

的發展也造成了相當程度內的中國傳統文化的危機。中國少數民族文化的危機，從很大的一個意義上看，不是漢族以其主要民族的地位所造成的，而是由漢族所主持的經濟現代化或西化所造成的。在這種經濟發展規劃之下，漢族自己的傳統文化也發生了很大的變化，也產生了應當如何保存的問題。文化長存學社這一類的機構所協助的對象，是否也應包含漢族在內呢？

這樣看來，人類學者應當如何協助高山族或其他少數民族的問題又不是那麼簡單了。人類學者不能不同時面對應付的一個更大的問題，還是一百年來的一個老問題，就是中國傳統文化西化的問題。在這上面作文章的人太多了，此地不需多說。下次我試用古史的觀點把這個題目試求追尋到它的根源去。

中國考古學與歷史學整合國際研討會開會致辭*

中國的歷史學（Historiography）有很長的歷史，在全世界上是最爲古老的，而考古學（Archaeology）是到了二十世紀三十年代初葉才傳入中國的，考古學在中國作業七十年以來所獲取的結果，是造成了中國上古時代歷史學的革命。

考古學引進中國產生了這個結果，並不是一開始便預料到的，最初，疑古派的學者以爲考古學可以建立一套嶄新的上古史，考古學開始了二三十年以後，因爲工作做得很有限，所發現的新歷史竟不如所證實的老歷史爲多，在抗戰以後的幾年中，好像很多古史學者和考古學者都有這麼一個想法，就是考古學很可能將傳統的上古史加以充實和擴大，但是中國上古史的基本結構與史實似乎業已大定，與傳統的古史在基本的架子上並無不同，我覺得中國的古史學與考古學者在四十年來根本的想法一直是如此的。

但是從七十年代初期這二十年來，上古史和考古學者逐漸感

---

* 1994年1月。

覺到將越來越多的新發現的考古資料放進傳統中的上古史的框架中去越來越困難的現象，有很多新發現的材料在舊的歷史裡面完全找不到踪迹，這主要是兩種新的材料造成的。其一，從1972年開始，中國考古學上獲得了大量的碳素14的數據，證明許多中原以外的邊疆文化不比中原文化為晚，甚至有時比它還要早。其二，在七、八十年代發現了許多中原以外的文化遺址，不但不晚於中原，而且在品質的富麗堂皇上也不輸於中原；這些遺址中最著者是遼河流域紅山文化的牛河梁和東山嘴；太湖區域良渚文化的反山、瑤山，四川成都平原廣漢的三星堆，和江西贛江下游新贛的大洋洲。紅山文化和良渚文化的新石器文化比起黃河流域的仰韶文化來，不論從那方面來比較都可說是有過之而無不及，而三星堆和大洋洲的青銅文化與中原的夏商周文明有相似處也有相異處，但它們在品質上都是平起平坐的。我們逐漸發現從我們幾十代的老祖宗開始便受了周人的騙了；周人有文字流傳下來，說中原是華夏，是文明，而中原的南北都是蠻夷，蠻夷沒有留下文字給他們自己宣傳，所以我們幾十代的念書的人就上了周人的一個大當，將華夷之辨作為傳統上古史的一條金科玉律，一直到今天才從考古學上面恍然大悟。

我說受了周人的騙，上了周人的當，並不是說周人有意欺騙我們，商周的人都寫了許多書，說他們自己的事，自然不免給他們自己吹噓一番，這些書後來又給儒家編輯修改，以適合他們的古史觀，所以傳統的上古史的基本資料就包含許多不可靠的成分，近年來考古學的另一個重要的貢獻，是它從戰國秦漢的古墓裡挖出來許多新的文字資料，把古人自己所說的話充實了許多，包括過去沒有看到過的書，也包括現存書的古本，或說是它們的

原貌,至少是原貌之一。

　　這是考古學對中國上古史的貢獻大到造成革命性的變化的少數例子。我們可以很放心地說,在下一個世紀裡,還會產生現在根本無法預料的新發現,將中國的上古史再加豐富、擴充、改變,但是下一世紀的事等下個世紀再談不遲,我們現在已經有的這批材料該如何處理?今天這個會叫作「中國考古學與歷史學整合國際研討會」,是看看歷史和考古如何整合,我個人不相信「整合」是個合適的概念,依我的拙見,在中國上古史的研究上,沒有考古學,也沒有歷史學,歷史和考古在中國上古史的研究上不但要整合,根本要合併,我這個意見在拙文〈對中國先秦史的新結構的建議〉裡面再詳細的談,但那不過是一個個人的意見,對這個問題,對考古學造成的中國上古史學的革命,則不是一個人的意見,它是二十世紀末葉史學上最令人興奮的新發展之一。中央研究院歷史語言研究所把這個題目提出來討論,是史語所在中國史學上作領導工作的又一個例子,我對史語所今天這件領導工作慶賀和致敬!

中國人文社會科學該躋身世界主流 *

　　二十世紀中國人文社會科學研究不是世界的主流，這是一件不可否認的事實。在大半個世紀中支配全球一小半人口的史觀的是西方的馬克思和恩格斯的理論；講社會結構要讀韋伯和列維‧斯特勞思；講語言要引福柯和強姆斯奇；每年一個經濟學的諾貝爾獎金得獎者沒有研究中國經濟的；美術史的理論中心一直在歐洲。假如中國沒有人才，研究的資料不夠豐富，那麼中國之不能躋身主流還可以理解和原諒。但是事實上中國在這方面落後的原因，是完全可以克服的，因為不論在人才還是在資料上都有在人文社會科學上領導世界學術界的潛力，無奈這些潛力完全不能發揮。

　　中國從古到今政治文化一直佔著掛帥的地位，而孔夫子和他的信徒都是最懂得人際關係的專家。中國人每個人都有研究人文社會科學的本錢。研究的資料，則有一部二十四史，自五十年代便為瑪麗‧瑞德教授向一般社會科學者介紹為全世界最豐富的一座研究人類歷史上各種行為的規律的寶庫。

　　為甚麼在二十世紀的學術研究上，中國對人文社會科學作一

般性貢獻的潛力完全不能發揮？最重要的原因是中國學者自古以來便作繭自縛，以為中國是世界中心，外國有的，中國都有，只要研究中國就夠了。二十世紀中國出了不少優秀的歷史學家，但他們都是中國史專家。據我所知，沒有一個人在外國史上被那國史學家尊為大師，也沒有一個人在國際上成為有地位的歷史理論家。中國的文學作品有許多翻譯成外語，但哪位二十世紀中國的文學批評家或文學理論家在世界的舞台上給人討論過？在美學上，二十世紀的中國學者有何一般的貢獻？政治學理論？經濟學理論？世界上哲學的研究？宗教的研究？只有在語言學上，中國語言學者如趙元任、李方桂、王士元等先生的著作在一般語言學的書刊裡給人引用。拿美國來說，中國學者參加的學術會議以亞洲研究學會為主。一般的歷史學會、社會學會等，很少見中國學者的蹤跡，即使出席也常常只參加有關東亞的小組，很少見到他們與西方學者在會場上辯論歷史哲學、歷史原則一類的一般問題。美國的國家科學院華裔的院士之中，研究數理生物科學的有十多位，可是研究人文社會科學的只有一個。這些事實清楚地反映，在世界人文社會科學的舞台上，中國的學者自己選擇了邊際化的地位，自甘被棄於主流之外。

　　中國學者發表論文所用的語言也是造成中國當代人文社會科學邊際化的一個因素。中國的知識分子多能讀英文，而外國人除了漢學家以外很少能讀中文，這是我們必須接受的事實。中國學者所研究發表的著作裡面，有許多成果應該是有世界性、一般性的意義的。但是得到這個成果的中國學者，有時因為對於國外的研究趨勢不熟悉，可能對這個意義不知道。而外國非漢學家的學者，沒有會看中文的理由，當然對這項貢獻更不知道。

躋身於世界人文社會科學主流有甚麼要緊呢？有人可能採取民族驕傲的觀點，像奧運會零的突破。這固然有它的重要性，因為有信心的學術界是有前途的學術界。但我們鼓吹中國人文社會科學要躋身於主流，是因為我們相信這有關於世界人類的前途甚至存亡。中國的士大夫一向確信對過去和現在的了解是走向未來的方針，所以司馬光把他的史書叫作《資治通鑑》。如果馬克思和恩格斯參考了中國人文社會科學的研究成果，而沒有將他們的唯物史觀僅僅建立於西方文明的歷史經驗之上，說不定本世紀中俄兩國歷史的面目與我們所見的完全不同。這樣說來，爭取主流地位，甚至可以說是中國人文社會科學者對世界的責任。

如何爭取主流地位呢？敲鑼打鼓，遊行示威，是沒有用的，這個地位是需要別人承認，要用真才實學去掙來的。怎樣去掙呢？我們不妨從中國人文社會科學的三部曲開始：第一，跳出中國的圈子，徹底了解各個學科主流中的關鍵問題、核心問題。第二，研究中國豐富的資料在分析過後是否對這些屬於全人類的問題有新的貢獻。第三，如果有所貢獻，一定要用世界性的學者（即不限於漢學家）能夠看得懂的語言寫出來。這三部曲說來容易，要作起來要從小學教育作起，把中國人，尤其中國的知識分子的世界觀作一些基本的修正。有一天英國的牛津大學經常從中國邀聘教授去教英國史、東歐文學和歷史哲學，這一天中國的人文社會科學才能說是成熟，而我們才能肯定中國的中國研究是科學的研究了。

三、關於臺灣

.

臺灣考古何處去？*

　　臺灣考古的局面並不很大，但是在目前卻面臨著一個歷史性的抉擇關頭。造成這個局面的複雜性的，至少有下列的幾個因素。其一，自1949年以李濟先生爲首的中央研究院歷史語言研究所考古組遷臺以後，由於李先生和同組的董作賓、石璋如和高去尋等先生在考古界有極高的聲譽，以殷墟爲主的中原考古在臺灣的考古界遠較臺灣本島的考古工作受人重視。四十餘年以後的今天，董、李、高三位先生先後凋謝，石先生碩果僅存，而大陸田野考古對臺灣而言一直是可望而不可及的夢想，所以臺灣本地的考古學逐漸成爲年輕人工作的唯一對象，臺灣考古學上的種種問題便成爲考古界研究的主題，很自然地便趨向複雜化。

　　其次，目前的臺灣考古工作者爲數雖然不多，卻包含著幾個世代。以石璋如先生數下來的第一代，是五十年代初期李濟先生等親手培植出來的第一批學生。從這一代向下數，到今天的大學與研究院的畢業生，已可以數出好幾代來。一代一代有變化、有進步，是天經地義，所以這些爲數並不多的考古工作者對如何從事考古工作，卻有很多不同的意見。七十年代後期，已故的李光

＊原刊《田野考古》第3卷第1期（1992）。

周先生將美洲「新考古學」帶回臺灣，並在臺灣大學將新考古學傳遞了下來，對嗣後若干的學生產生顯著的影響。最近自美回臺工作的學生裡面，就包括李光周先生的學生，而他們又在新思潮最爲激烈的北美西南的大學留過學，對考古學的看法自然更進一步。所以，在目前臺灣考古學界中考古工作應當如何從事，如何推動，便成爲考古理論、考古方法上有所爭論的問題。

第三，在臺灣光復以後，三十多年之內，從事臺灣考古的只有臺灣大學考古人類學系（現改名人類學系）一家。考古工作者出身於一個單位，又在這一個單位裡面一起工作，彼此之間的溝通比較密切，即使看法不同也比較容易彼此配合。

自七十年代開始以後，中央研究院成立了臺灣考古室，它的工作隨著史語所中原考古工作的減縮而擴張，到今天已成爲史語所田野考古的主體，使臺灣考古工作二元化。近兩年來，教育部又設立了國立臺灣史前文化博物館籌備處，它的研究組也已開始從事田野考古工作。工作單位多了以後，彼此之間的溝通便成爲一項需要克服的困難，進一步易於導致對考古工作看法的分歧。各單位工作的地域也容易發生彼此重疊、牽掣的問題。

第四，光復以後初期從事考古工作的目的與步驟卻比較單純，田野工作的主要目的，不是爲了研究問題便是作爲考古人類學系的田野考古實習課。自七十年代後期開始，很大部分的考古工作是與國家公園的開發和工業建設配合進行的，如墾丁、卑南、曲冰、芝山巖等重要遺址的發掘都是這一類的。八十年代中期以後，與中央研究院臺灣史田野研究室的成立同時，考古學又成爲臺灣史研究的一件重要工具；這可以用十三行遺址的重要發現爲例。臺灣考古的非常有限的人力、物力的資源，在這麼眾多

的目的之間該如何分配，就又成為一項亟待考慮解決的難題。

最後，近年來太平洋西南區政治、經濟局勢的發展，在臺灣考古的前途上產生了難以預料的、難以控制的未知因素。臺灣的經濟發展與臺灣與南太平洋澳大利亞與紐西蘭關係的密切化，使臺灣與澳、紐考古界的交流成為話題。在這種背景之下，臺灣在南島語族起源問題上的重要地位，又重新引起太平洋區考古工作者對臺灣考古的興趣。近年來澳洲的 Peter Bellwood 與美國的 Patrick Kirch 在旅臺期間堅持要去大坌坑遺址參觀，便強烈地表現了大洋洲考古學者對臺灣考古（尤其是大坌坑文化）的注意。另一方面，臺灣海峽兩岸政治關係在最近一兩年來發生了顯著的變化，臺灣與大陸（尤其福建）的考古交流，甚至考古合作，似乎是指日可待的了。如何從孤立的臺灣考古打出臺灣的圈子，與中國大陸和太平洋考古工作者攜手合作，也成為當今臺灣考古學上不能不趕緊慎重考慮的一個重要題目。

由於上述幾個因素的交互影響，「臺灣考古何處去？」這個問題是值得考慮的。正因為臺灣考古的多元化，對這個問題也一定有不同的答案。據我個人的想法，臺灣考古下一步有幾個方向可走：

㈠臺灣考古學必須積極培植、吸收人材。

如上所述，臺灣雖小，考古工作卻多，需要很多的專業人員，據我所知的，臺灣三個勝任考古調查發掘工作的機構（臺大人類學系、中央研究院歷史語言研究所、國立史前文化博物館籌備處）中一共只有職業考古人員十三個人。在大學的專業裡考古學一向視為冷門，但在目前的狀況之下學考古的大學和研究所的畢業生不愁找不到職業。但是在臺灣培植考古人材的學校只有一

家，即臺大的人類學系。我不知道這系的學生中每年有幾位是專攻考古的，但因為現在徵聘職業考古人員的學位要求比以前要提高，所以訓練的時間加長，產品相對地減少。我建議教育部和臺灣大學考慮有計畫地積極增加師資、設備、經費，多培養一些質量高的考古專業人材。

不消說，在臺灣不論是政府還是一般社會都重視自然科學而不重視人文社會科學，而在人文社會科學之中考古學更受不到重視。但是使一般社會了解考古學的重要性，終究到底還是考古工作者自己的責任。考古工作者應當撥出一部分的時間來，走出象牙之塔，利用各種媒體向社會大眾為考古學作一點宣傳的工作。在我們的社會裡哪幾位考古學家（不論是現存的還是已故的）是中、小學生崇拜的對象與模仿的榜樣？

㈡以臺灣為考古工作中心，但擴大研究視野。

如果田野工作是考古學的核心，臺灣考古便應當一直是在臺灣的考古學的主流，因為自1949年以來中國大陸便一直是封閉的田野，而中國考古工作者還沒有養成出國作田野考古的習慣。但是因為中央研究院遷臺，帶來了世界第一流的考古學者與安陽殷墟的國寶，所以自五十年代以來中原（尤其是殷周）考古學一直在臺灣考古學界是大哥，而臺灣考古一直是小弟。中原考古與臺灣考古的關係，在今又已經產生根本的變化。隨著遷臺的戰前中原考古材料的陸續公布與新材料的缺如，在今天臺灣考古學界中中原考古學者已絕無僅有，而本島的考古已不但是主流而且逐漸成為唯一的研究對象。這個現象顯然是不可避免的，而且在學術上也不能一定說是很大的損失，臺灣雖小，但資料豐富，而且由於地形複雜，族群眾多，它的史前文化裡面包含著很多有重大意

義的問題，臺灣考古學所研究處理的資料與題材，有很多可以說是有世界性的意義的，其重要性並不在中原考古之下。

但是臺灣考古不能孤立起來研究。臺灣海峽的兩岸在史前時代常屬於同一個文化區域系統；這一點不論是在舊石器時代，還是在大坌坑文化或大坌坑以後文化時代，都是很明顯的。從南島語族的歷史來看，臺灣與東南亞、大洋洲又是分不開的。臺灣考古工作者雖然目前只以臺灣作為田野工作的領域，即必須熟知整個東亞、東南亞和大洋洲的考古學，才能充分了解與解釋臺灣島內的考古問題。臺大人類學系不但要教中國考古學的課程，而且最好能考慮增加日本考古學、東南亞考古學，與大洋洲考古學的課程。臺大、史語所與臺灣史前文化博物館三個研究機構的圖書館中是一定要收藏東亞、東南亞，和大洋洲考古的重要報告和期刊的。

事實上，如果政治條件、人力、財力都許可的話，臺灣的考古工作者亟需與大陸、東南亞，和大洋洲交流，包括參加彼此的田野工作或共同設計與執行區域性的調查發掘計畫。臺灣考古工作者不妨儘早為這種合作計畫作學術上的準備。

㈢資料優先。

在考古工作量很多，但人力不夠時，從事考古工作者對各種工作先作後作的問題，面臨困難的抉擇。在這一點上，全世界考古工作者都有同病相憐的感覺，而他們作抉擇的標準一般也都是一致的，即以資料的保存為優先考慮。這個問題在經濟開發加速前進的臺灣尤其嚴重：築路、建造房屋、修水壩等等工事都不免引導到古代遺址的破壞與遺蹟的湮滅。但「搶救考古學」有時也會導致重要的發現，如卑南、十三行兩個遺址便是很好的例子。

若由考古學者依照自己的興趣或所欲解決的問題作標準,他們不一定在這個時候選擇這兩個遺址來挖,但這兩處,一處要建鐵路,一處要建汙水處理廠,火燒眉睫,不搶救不行了,於是考古工作者趕緊挖掘,結果發現了臺灣考古學史上最重要的遺址中的兩處。

無論是哪一個學派的考古,說到最後都要倚仗資料。考古工作者所作的第一件事便是獲取資料、保存資料、發表資料。資料妥善發表以後,其他人用任何方法都可以拿來研究。如果不在建設工程前面搶救,資料丟失了,便永遠不能彌補。

㈣理論多元化、方法系統化、技術國際化。

碰到「臺灣考古何處去?」這一個問題的時候,我們馬上想到的便是將來的考古應當如何作的問題,也就是考古學的理論和方法的問題:我們的注意力應否集中於史料的收集?文化史時空關係的建立?文化變遷的動力(內部的或是外部的)的研究?新考古學或是「程序考古學」、「後新考古學」或是「後程序考古學」?考古學在臺灣應走哪一個學派的路線?

在這一點上,我的建議是遵守中庸的原則而不走極端路線的。在這裡讓我先將上面所用的幾個名詞的意義解說一下:「資料」是研究歷史的客觀基礎;「技術」是取得資料的手段;「方法」是研究資料的手段;「理論」是研究人類歷史的規律性的總結,並反過來指導具體的研究工作。(引自《考古學專題六講》,1986年,61頁)根據這樣的界說,我的建議是:理論多元化、方法系統化、技術國際化。

這幾個「口號」的意義是很明顯的,只需簡短的說明。這中間我覺得最重要的是「技術國際化」。上面已經強調了資料的重

要性，所以資料收集得越精細，越徹底，我們從考古遺址、遺物中所擷取的信息也就越多、越完全。所謂「國際化」是指我們採取資料需使用國際上最先進的技術，這也就要求我們的考古機構都需有完備到一定程度的儀器設備與專業的技術人員。同時這也要求考古家與有關的科學家（地質學、土壤學、古植物學、孢粉學、考古動物學、考古冶金學、材料科學等等）的合作要自田野工作一開始便開始，而不能限於田野工作以後的實驗室階段。從這個眼光來看，上面所說要積極培植、吸收的考古人材，還要包括「科學考古」的人材在內，在臺灣的考古專業機構之中，只有中央研究院歷史語言研究所考古組有一位科學考古專業工作者，這只能說是一個良好的開端。

取得資料以後，如何加以研究的方法，各個考古工作者可以各有巧妙不同，但求各人的方法有明白清楚，可以解釋出來，可以自圓其說的系統，所根據的理論，更不求統一，用大陸習用的說法來說，任其「百花齊放」，彼此競賽便是。

《臺灣史田野研究通訊》發刊辭 *

　　臺灣史是中國地方史，又是漢人移民史，但臺灣史有異於中國其他地方史，也有異於漢人移民其他地區史。由於臺灣收入明鄭滿清版圖，臺灣地方史料遠較移民海外的漢人史料為豐富，但又由於臺灣被日本割據五十餘年，臺灣史又有持續五十餘年之久的對大陸史而言的封閉性。此外，由於臺灣的島嶼環境、地理位置與地形的複雜特徵，我們在臺灣史的研究上，又必須採取比較鮮明的文化生態學的觀點；又由於臺灣島上二十餘萬土著民族，臺灣史裡面包含著非常重要的土著民族史與「漢番關係」的新成分。

　　由於臺灣史具有上述的重要特徵，臺灣史的研究在當代中國史學中佔有一席特殊的重要地位。自從1986年的夏季以來，中央研究院集合了人文社會科學方面四個研究所（三民主義研究所、近代史研究所、民族學研究所和歷史語言研究所）的力量，積極大力的推動了一項「臺灣史田野研究計畫」。這不但在臺灣史的研究上，而且在中國史學史上也可說是一項可喜的事件。

　　歷史語言研究所的創立人傅斯年先生在研究所《集刊》創刊

＊原刊《臺灣史田野研究通訊》第1期（1986）。

號（1928）裡面所寫的〈工作之旨趣〉一文中，指出中國史學進步的關鍵如下：(1)「凡能直接研究材料，便進步」；(2)「凡一種學問能擴張他研究的材料便進步」；(3)「凡一種學問能擴充他作研究時應用的工具便進步」。因此，傅先生宣稱歷史語言研究所的人「不是〔僅只〕讀書的人，〔而〕只是上窮碧落下黃泉，動手動腳找東西！」看六十年來中國史學之進展，傅先生這段話在今天還有很大的適用性。在臺灣的史學家爲臺灣史料所環繞，在「動手動腳找東西」上，有天時地利人和之便，如果集中作臺灣研究的田野工作，不但能夠擴充研究臺灣史的材料，而且可以直接刺激中國史學的進展。同時，臺灣經濟建設猛進，地上地下的史料面臨湮沒的危機，收集保存史料，也是積極進行臺灣史田野研究工作的另外一個基本考慮。

　　「臺灣史田野研究計畫」已自1986年8月開始。在這個總計畫之下，我們希望每年有三個到四個有一定目標的具體研究工作一起進行，同時進行的是各種文獻資料的搜集和臺灣史書目的編製。在各項計畫工作進行之中，我們擬在這份《研究通訊》裡面不斷報告工作的進展，並盼同工學者隨時加以督促。

臺灣史必須包括原住民的歷史 *

　　狹義的歷史指有文字的歷史。臺灣在漢人移入以前沒有文字的使用，所以一般所謂臺灣史是指漢人來到臺灣以後的歷史。在這部歷史中，也有原住民的角色，但原住民的出現，一般是由於他們和漢人接觸發生某種關係所以成爲漢人的歷史的一部分，而且原住民在歷史中的面目完全是根據漢人的資料，用漢人的眼光來寫的。

　　最近我在本院舉行的「中國考古學與歷史學整合國際研討會」開會致辭中，提到近年來中國考古新發現，證明過去把中原說成中國文明唯一的源頭的傳統敎條是不正確的，因爲在中原以外發現了許多同時的高級文明。「我們逐漸發現從我們幾十代的老祖宗開始便受了周人的騙了；周人有文字流傳下來，說中原是華夏，是文明，而中原的南北都是蠻夷。蠻夷沒有文字給他們自己宣傳，所以我們幾十代的念書的人，就上了周人的一個大當，將華夷之辨作爲傳統上古史的一條金科玉律，一直到今天才從考古學上面恍然大悟。」

　　從這上面所得的痛苦的敎訓，使我們不免在任何地區的歷史

---

* 原刊《臺灣史研究》第1期（1994）。

上，都要檢討一下這個地區由於文字之有無給我們造成的主觀偏見。

從這個觀點看臺灣史，我們對臺灣史始於漢人入臺以後的歷史這個傳統，就不能不加以懷疑，甚至進一步加以挑戰了。漢人在明末清初大量移民臺灣，當時便和原住民有密切的接觸，所以臺灣在漢人前來以前已有人居自是一般的常識。這些居民在明清以前也為大陸東南沿海船民所知，偶有記載，最早的可能是三國時代沈瑩所著《臨海水土志》中所描寫的夷州，自從十九世紀末葉現代考古學輸入臺灣以後，原住民的遺址遺物被考古學者發掘出來，到了今天遺址已有千處，遍布全島，證明臺灣自更新世晚期以來便有人居，到今至少已有一萬五千年的歷史，說這一萬五千年（或更長）的歷史都是臺灣史，應該沒有人會表示異議的。

應該問的問題，不是說要研究臺灣的歷史該不該包括這至少有一萬多年的原住民的歷史。我相信在這上面意見是一致的。應該問的問題，是如何研究沒有文字記載的這段歷史，今天研究歷史的方法，已經發展到非常廣闊的階段了。如果有決心研究，沒有文字不是不從事研究的藉口。沒有文字？讓我們用其他的工具！

美國社會人類學祖師瑞德克力夫·布朗（A. R. Radcliffe-Brown）教授是不相信我們能夠研究沒有文字的民族的歷史的；他說歷史學者利用傳說、神話、民間故事、比較習俗等等資料所擬測的歷史，都是不可靠的，因為這些當代的資料在本質上是反映當代的。布朗的研究就僅只限於當代的社會與文化的結構，所以後人批評他的研究結果都是靜態的，是沒有時間深度的，但是布朗並不是唯一不碰歷史的社會人類學者，大部分我所認識的社

會人類學者都不碰考古學，也就是不碰歷史，因為考古學是研究沒有文字的民族的歷史最主要的工具，在上述的「中國考古學與歷史學整合研討會」上，臧振華先生提出了一篇非常重要的文章，題目是〈考古學與臺灣史〉。他說考古學在臺灣史上面至少可以作三方面的貢獻：史前史的重建，早期歷史的探索，和移民社會發展模式的驗證。在史前史的重建這一方面，臧振華先生將近百年來考古發現作了簡單的綜合介紹，並且指出已知的「臺灣史前時代的文化⋯⋯是先前修治臺灣史者所難以企及的。考古的工作不只是為臺灣的歷史增添了新的史料，而且也將臺灣有人居住的歷史推早了上萬年。」這樣看來，考古學在臺灣史上原住民的歷史的研究，已經作了很大的貢獻。

考古學的研究是對古代原住民歷史文化的直接的研究。我們根據現代原住民當代的語言文化資料，對原住民的歷史也有許多重建的途徑。首先想到的是原住民自己對他們的歷史的傳說。數十年前日本學者佐山融吉、小川尚義、馬淵東一等人根據高山族自己歷史的傳說，將每一族在島內從一個個的舊社遷徙到一個個新社的歷史經過和具體的路線，作了詳細的復原，固然每一段遷徙歷史不一定都是可靠的的，但這批材料可說是臺灣史內原住民部分最為重要的文獻。歷史學者說它不可靠，常常是代表一種主觀的偏見，這令我想起《古史辨》的情形。民國初年，顧頡剛、錢玄同等一班人向由傳說建立起來的古史宣戰，將三皇、五帝，和夏代都歸入傳說的範疇，以商為中國史之開始，將商以前的古史都寄望於考古工作，數十年來的考古工作，的確產生了一部嶄新的古史，但在很多方面，也同時證實了傳說中的古史裡面很多內容的可靠性，而且看來夏代的證實也是指日可待的了。我們也

沒有理由從原則上便不相信臺灣原住民的遷徙傳說可能有眞實的歷史成分。我們大可以按圖索驥，沿著傳說中的遷徙路線作考古調查。

除了考古學和原住民集體記憶和口述歷史之外，研究臺灣史內原住民的部分的方法還有許多，就看我們要不要積極地去作。歷史語言學、比較民族學、體質人類學，都是研究臺灣史裡面原住民成分的顯著的方法。我想不出任何理由不把原住民的歷史作爲臺灣史的一個基本的成分。

臺灣應有像樣的地方性歷史博物館 *

　　我這個學古代史、考古學的學生，每到一處必先去參觀當地的歷史博物館；每次舊地重遊，頭一個重遊之處也必是當地的歷史博物館。我總覺得從一個地方的歷史文物可以看出這個地方的文化精神，而且從一個地方對它自己歷史文物的處理可以看出它對自己的歷史、文化的態度和價值觀念。

　　今年八月我在臺灣各地又參觀了好幾個博物館；這裡面有的還是初見，有的是老朋友了。這次「博物館行腳」所得的一個深刻印象，是國家性的博物館與地方性的博物館在規模上與在「現代化」的程度上彼此之間強烈的對比。國家性的博物館好極了，與世界上第一流博物館比較起來毫無遜色。地方性的博物館則很可憐，屋子裡熱、蚊子多、燈光暗，而它裡面價值連城（至少是文化價值連城）的文物很少得到適當的維護。

　　前一類的博物館以國立故宮博物院為最。這個博物院藏品的價值是不必說的了；在我所看到過的中國美術考古博物館裡面，專從藏品來說，尤其是以書畫、磁器和珍玩來說，是沒有一個地方能相比的。國家為了這批藏品在展室的設計與裝備上不遺餘

＊原刊《中國時報》副刊〈人間〉，1986年9月5日。

力。臺灣的民眾有這個博物館可看是十分幸運的；外國的遊客看了這個博物院便沒有白來臺北一趟了。我在這裡好像是為故宮博物院寫廣告作宣傳似的，其實不用我說大家都已知道。所以政府花錢在這個博物院上，我要說是很值得的。

可是後一類即地方性的歷史博物館也值得國家花錢；由於它們基礎薄弱，因此更需要政府花錢來扶持。但在這方面我們似乎十分吝嗇、十分小器。

地方性的歷史博物館有以漢人文物為主體的，有以高山族、平埔族，和他們的史前文物為主體的。漢人的文物在社會上應該是比較受到重視；數年前文建會審定的一批「一級」古蹟，如臺南赤嵌樓等，便都是三百多年以來漢人移民臺灣所遺留的。但是我還沒有看到過一個像樣的以漢人歷史文物為對象的博物館。這裡所說的「像樣」是指房屋設備的條件以及陳列的安排而言，並不是指文物本身。例如鹿港的民俗文物館和臺南的永漢民藝館都有非常豐富的傳統漢人物質文化的代表；鹿港的民俗文物館更有一座宏麗的建築做為館址。但這些博物館都談不上文物的保存和現代化的陳列，更談不到維持恆溫恆濕。夏天去參觀的人在炎熱的溫度與蚊蟲的壓逼之下也談不上仔細欣賞研究。我相信把這兩個博物館加以「現代化」所需的款項，恐怕不需故宮博物院建造維持費用的百分之幾罷。

上面說過，故宮博物院是個偉大的博物館。我在這裡卻無法回答：故宮博物院與鹿港民俗文物館或臺南永漢民藝館那個更為重要這個問題。從表面上看，兩者根本不能比較：一個是中央皇帝宮廷中的收藏，一個只代表邊區比較中下層人家的物質文化。但對研究臺灣史的人說來，「天高皇帝遠」，皇帝的東西雖然富

麗，但與我所欲研究的地方鄉土史不關宏旨。如果我們想了解十七到十九世紀中國的一個地方鄉鎮中士紳和農民家庭中的生活，地方歷史博物館的價值更大。再從歷史博物館在國民「認同」上面所扮角色的問題上說，認同有不同的層次：一個地方的國民在最直接的一層是要對地方鄉土文化來認同的，然後一層層逐漸上升，最後到對中原文化、對宮廷藝術的認同。從這個意義上說，故宮博物院是極為重要的，而地方性的歷史博物館也是極為重要的。

　　至於高山族、平埔族，與史前考古學的博物館，我所知道的官方博物館有三個比較大而且重要的，即省立博物館、中央研究院民族學研究所的標本陳列室，與臺大人類學系的標本陳列室。由於光復以來高山經濟的急遽發展，傳統的高山手藝已逐漸被現代工藝所取代，而傳統的工藝美術品現已所存無幾，而這幾個博物館的藏品（有的是自日據時代便陸續入藏的）可以說是臺灣所擁有的一批有全球第一等學術價值的文化資產。可是我們的博物館對這批「無價之寶」是怎樣照顧呢？中央研究院民族學研究所去年遷入新館，它的高山族和平埔族的文物得到了現代化的維護條件，令人非常欣慰。反之，臺大人類學系的標本室雖然有教授們的悉心照顧和研究，卻因缺乏經費，沒有專人管理，更談不上現代化的維護。其中用石頭陶土作的器物應該還能保存下來，但木頭、竹籐、織布等原料的工藝品，如果不趕快移入恆溫恆濕防蟲的設備，恐怕幾年之內便會遭受到無法挽救的損失。省博物館的藏品也是極為珍貴；它的保存情形我不熟悉。十多年前去看時，情形與臺大相似，如今不知有所改善否。

　　與土著民族學博物館有關的還有把考古遺址保存下來的陳列

室或附帶的博物館，如大陸上世界聞名的周口店北京猿人遺址，西安的半坡博物館，和臨潼的秦始皇兵馬俑博物館。近年來發掘中的臺東卑南遺址，規模大，遺物豐，學者屢有在原地建造博物館之議，希望能早日實現。此外，如臺東的八仙洞、臺北市的圓山、臺北縣的大坌坑等遺址，在臺灣考古學上有重大的學術價值與歷史意義，也值得保存、陳列。

地方史是中國傳統史學的基層，而臺灣的地方史在中國史學上要占有一席重要的地位，因為臺灣地方史的資源是特別豐富的。中華民族是一個多元的民族，而其中的漢族也是一個多采多姿的民族。我們的歷史博物館也應當反映這些個事實，在我們下一代青少年的教育上才能正確地強調各個民族的共同貢獻與各個區域各個地方的重要性。在故宮博物院我們該花大錢，在地方性的歷史博物館我們也該花大錢。

關於臺灣省歷史博物館的幾點建議 *

　　兩年以前我在〈人間〉副刊曾經寫過一篇小文,題爲〈臺灣應有像樣的地方性歷史博物館〉。在這篇文章裡面我表示希望有力者或有資格者肯考慮蓋一個臺灣地方性的歷史博物館。最近我輾轉聽說政府已決定撥款起建這樣的一所現代化的博物館,在規模上可以和臺中的科學博物館相比。這個消息如果可靠自然令我喜出望外,決定把我對這個博物館的若干想法提供出來,以供主其事者的參考。

　　一、我希望這個博物館的主題包括史前史,也包括歷史時代。換言之,這個歷史博物館的「歷史」兩個字,包括「原住民」(高山族和平埔族)的歷史和漢人的歷史。臺灣現有的歷史博物館,據我所知的,或是專門收藏與陳列原住民歷史文物(即史前考古遺物)的,或是專門收藏漢人文物的。可是原住民的歷史與漢人的歷史都是臺灣歷史的不可缺的成分,而且原住民與漢人的交往關係正是臺灣歷史的一個重要內容。我希望這個新的博物館把這些臺灣省歷史的主要成分完全包容進去。

　　二、我希望這個新的臺灣省歷史博物館具有質量高的研究部

* 原刊《中國時報》副刊〈人間〉,1988年9月28日。

門。臺灣的史前史和漢人移入以後的歷史時代都是學術意義很大的研究對象，這一點應該是不需要加以註解的。既然如此，這兩門學問的內容與成果日新月異，如果沒有站在研究前線的研究人員從事研究工作，這個博物館的收藏品與陳列就一定趕不上時代。同時，我在〈人間〉副刊最近一篇拙文（〈臺灣考古學者該與福建和東南亞交流了〉）中，建議臺灣的考古學者考慮與國際學者合作來研究東南亞與大洋洲的古代史。以臺灣人力財力資本之雄厚，臺灣學者在這個區域很可能會起共同領導的作用。這個新的博物館很可以在東南亞、大洋洲遠古史研究的國際合作上作一個研究的大本營。為此，它需要第一流的研究人員和第一流的科學設備與圖書設備。

三、假如上面的建議被決策者採納，或決策者早已有此想法，那麼這個歷史博物館顯然要設立在臺北或臺北的近郊。尤其如果這個博物館要做國際研究的一個營地的話，它很可能常常要做國際會議的主人，並且可能常有訪問學者。這樣的話它如果在臺北附近還可以與中央研究院和臺大人類學系和地質系等有關機構作工作上的聯繫與整合。

四、這個歷史博物館可以看做全臺史前遺址歷史古蹟網的核心。在我的想像中，這個博物館不是一座古堡，孤孤單單的坐落在臺北附近，而是全臺諸多遺址古蹟連鎖起來的一個中環。我想像這個博物館與各地的諸多遺址古蹟之間有某種密切的聯繫：若干遺址古蹟也許還可以收入為博物館的地方支部。這中間最重要的若干史前遺址，如臺東縣的卑南和八仙洞，不妨考慮建造為現場遺址，覆以屋頂，伴以陳列室與研究室，做為歷史博物館的延伸。

政府對走私文物市場有無政策？*

　　今年七月在臺灣看到兩個現象，都與文物走私有關。一個是臺灣民間古建築上的木雕或刻繪藝術品不斷被人偷竊到市場上去出售。另一個是骨董商場上充滿了經由香港或其他地點走私出來的大陸古物，其中有第一等的藝術品。

　　我沒有查閱政府歷年公布放行的文物保管法，但我相信這兩種現象都屬於不合法的活動。法律的問題且个管，這兩種活動都對中國文物有極大的損害性，這種損害是無可補償的。

　　先談大陸的走私古物，因為這個問題從臺灣的市場上說比較複雜。大陸近年來古物走私猖獗，這是大家都知道的。在近年經濟改革新制之下，人人都儘量「發掘」財源，而豐富的地下文物便成為「發掘」的對象，這幾年的走私活動，對中國古代文物的損壞是很大的，因為它牽涉到未曾出土的文物，所以在盜掘的過程中就毀壞了無可挽回的歷史信息。對這種活動的取締，自然是大陸上政府的責任。事實上，取締的活動也很積極，但仍有大量珍貴文物流落到香港澳門。這次我回到臺灣才知道這些文物又有不少（包括精品）流落到臺灣的骨董市場上來。

---

* 原刊《中國時報》副刊〈人間〉，1988年8月23日。

　　對臺灣骨董市場上的大陸走私古物應當採取什麼政策？這是個很難回答的問題。上面說取締大陸上古物盜掘與走私出口是大陸上政府的責任，但古物的損失是中國文化傳統遺產的損失，從臺灣的重視中國文化遺產的態度來看，也是令每個人都痛心的事。海外骨董市場的生意越好，大陸上文物盜掘活動就越厲害，對臺灣骨董市場的政策自然便基於這件基本的事實。

　　臺灣本地古建築上藝術品的盜賣的取締，則顯然是政府的責任。有不少古建築，年久失修，也沒有人看管，要想防止盜竊是不現實的。但是如果這樣藝術品的出售是違法的，又如果政府認真執行法律，把市場上非法取來的古建築物藝術品的出售徹底取締，那麼這種藝術品的偷竊便成為無利可圖的行為，應該會逐漸減少的。

　　我再呼籲一下建立臺灣地方歷史博物館。如果年久失修的古建築，終於遭受坍壞的命運，它上面的藝術品應當有個正當的歸宿。

搶救圓山遺址 *

　　最近回到久違的臺灣，正逢圓山動物園的大門開放的最後幾天。不久這裡面的「住客」便要搬移到木柵新居去了。屬於臺北市的圓山動物園這一塊土地如何處理，據說還在商議討論之中。無論將來作何決定，目前這一段時期正是舊新交替的階段，對於圓山動物園內的「在臺灣史前考古學上極為重要的圓山考古遺址」，應該如何保存或處理的問題，目前正是做一個明智決定的千載難逢的機會。

　　圓山這個小丘在遠古時代臺北盆地還是沼澤的時候，就已是一個面積很大、持續很久的聚落，當時住民的文化已相當具有特色，且頗為發達。後來臺北盆地底部形成肥沃的平地，圓山的村落漸為人所棄，而成為一個考古學上的廢墟了。這個廢墟到了19世紀末，日據時代的初期，為日本考古學者所發現。嗣後並經過不少的調查與發掘。這個重要遺址的發現與調查經過，以及這些調查與發掘所揭露出來的古代文物之重要性，中央研究院的劉益昌先生曾作過詳細的討論，而且最近臺大人類學系的連照美教授也在為國家科學委員會所做的調查報告中提供了客觀的說明。

＊原刊《人間》雜誌，14期（1986）。

　　我自己從事臺灣的考古工作已有三十多年了。我的這些工作也可以說是自圓山這個遺址啓蒙的。民國42年初，我是臺大考古人類學系三年級的學生，上石璋如教授的考古田野實習課，正好是以圓山遺址為實習發掘對象。我們相信古代住民的主要生活活動和他們的房屋都是在圓山頂部比較平坦的地面上的。但是這片平坦的地面正是動物園的所在，不是蓋了有鐵欄杆的水泥房屋，便是供遊客使用的場所和道路，是不可能作發掘調查的。我們的實習工作便集中在山坡上面的所謂「貝塚」區域。古代的圓山距離河岸很近，當時的住民喜愛河水中大量生產的幾種蚌類，所以他們的食物垃圾裡面有大量的貝殼。這些垃圾常倒棄在沿著山頂的斜坡上，沿著斜坡堆積得很高很厚，所以有「貝塚」之稱。我們在貝塚中挖到當時人類生活和活動的許多殘餘物品，包括石器、骨角器、玉器、陶器碎片，以及魚獸骨骸、貝殼等等。過去日人的調查物品裡還有小件銅器，可是我們沒有找到。從這些器物的形制裡，我們得以了解「圓山文化」的特徵及其鄰近其他文化的關係；從這些器物的用途和製作，以及同時發現的骨骸等遺跡，我們可以推測當時的生活方式。在貝塚的一區我們還發現了幾個墓葬。從這墓葬中的頭骨看來，圓山時代的住民有拔齒的習俗。

　　關於圓山時代文化的詳情，對當時人們生活的復原，以及圓山這個遺址的全部歷史，要談起來恐怕一時談不完，還是留給專家們去談罷。但在這裡應該一提的是，在民國52年我和臺大的宋文薰教授一起又去圓山貝塚探了幾件貝殼送到耶魯大學的放射性碳素實驗室去分析，得到了幾個碳十四的年代——這是臺灣考古學史上第一批碳十四的年代——而知道了圓山文化的年代始於公

元前第三個千紀,距今四千多年!

52年去採貝殼時,看到圓山貝塚又遭受到嚴重的破壞,只剩很窄的一條了,如今又過了二十多年,據說這個遺址又遭受到進一步的破壞,所存已經無幾,最近關心這個遺址命運的人們正在大聲疾呼,希望有關的政府單位——不論是內政部、教育部、文建會,還是市政府——執行71年總統府公布的文化資產保存法,將圓山貝塚的僅存部分加以有效的保護。

不消說,我對這種呼籲是全力贊同的。更進一步,我還希望市政府趁動物園遷居,新建設尚未動工這個良好的機會,委託考古學者把圓山頂上平坦地面做一番徹底的調查,看有多少遺址遺物還值得發掘保存。如果我們的猜測不錯,這上面是當時村落房屋所在,而當時的遺跡遺物還有保存的話,我建議市政府考慮在這裡建蓋一所永久的博物館,把部分的圓山遺址加以保存並且加以復原,使它成為國民教育的有力工具。

古蹟的保存有它消極的一面:那塊地作為指定保存的古蹟,便不能用來做經濟的建設。但是只要是值得保存的古蹟,必定有更大的積極價值。我們難道願意生活在一個物質條件極端富裕,但是完全缺乏歷史標誌的社會裡嗎?例如北平城牆的拆除,在城市的現代化上面也許是有必要的,但是我到今還沒有碰到過一個對這事不表極度遺憾的人。圓山遺址是臺北最大最重要的遺址,也是全省最大最重要的遺址之一。它在臺灣考古學史上有獨一無二的地位。今天我們如果坐視它的湮沒,將來再覺得悔恨、遺憾,便來不及了。可幸的是,現在正是有所作為的良好時機。

臺灣考古學者該與福建和東南亞交流了 *

　　考古學在臺灣已有九十多年的歷史，在島內的成績是輝煌的。我們知道臺灣自舊石器時代便有人居住。我們對東西兩岸的古代文化史，自史前時代一直到歷史時代，都已經有了大概的了解，對若干遺址，如臺北的圓山貝塚和臺東的八仙洞與卑南，更知道了許多細節。臺灣大學的考古人類學系是在四十年以前成立的，在這四十年以來培養出好幾代的考古學者。臺灣考古研究室在中央研究院也已成立了十七年，也是臺灣考古的一支生力軍。總而言之，在臺灣考古學的資本相對的來說是比較雄厚的。我覺得把這批資本向島外投資的時刻已經到了。我們甚至可以說，今日臺灣考古學的前途，除了在島內要進一步做更多更好的工作，也要靠向島外的發展。

　　古代的臺灣有四通八達的文化交流，而且在大陸與海洋文化的關係，曾經扮演過重要的跳板作用，我們今天研究臺灣的古代史，自然不能不把這些外面的文化關係作為研究的對象。往西邊

＊原刊《中國時報》副刊〈人間〉，1988年9月14日。

看，臺灣海峽鄰近地區，包括浙江南部、福建、廣東東部和臺灣的澎湖在內，在歷史時代和史前時代都是曾經有過文化活動的整體單位。在考古學上現在所知道的最重要的一段文化史，是估計在公元前五千年到兩千年前後一種以繩印紋陶器和貝印紋陶器為代表的遍布海峽兩岸的古代文化的歷史。這種文化現在已經在不少的考古遺址發現，包括臺灣的大坌坑（臺北八里鄉）、八甲村（臺南歸仁鄉）和鳳鼻頭（高雄林園鄉）、福建的溪頭下層（閩侯縣）、平潭島的幾個遺址，和金門的富國墩，還有廣東潮安的陳橋。最近有一篇文章（〈中國東南海岸考古與南島語族起源問題〉，載《南方民族與考古》，第一期，1987年）專門討論這一個文化，提出來它是後日南島語族的祖先的假說。太平洋地區的考古學者研究討論多年的一個課題，便是廣佈於太平洋南部島嶼區域的南島語族（又稱馬來玻利尼西亞語族）的起源的問題，可見臺灣海峽這個遠古文化的重要意義乃是世界性的。

臺灣海峽這個重要文化（可稱之大坌坑文化）的研究一向是很困難的，因為臺灣的考古學者只能看到這個文化在臺灣的一半，而福建廣東的考古學者只能看到福建廣東的一半。專為臺灣的考古學者著想，只有一半文化，對了解這一半文化自己都是不夠的。我在寫這幾句話以前並沒有徵求我的臺灣考古同仁的意見，但我相信他們如果有去福建廣東參觀考古遺址、研究考古遺物，甚至在當地同仁引導之下從事考古發掘的機會，他們一定願意前去的，因為這樣可以對臺灣這一半文化增加更進一步的了解。在目前政治局勢之下，這當然是一個敏感性的問題，但我相信如果專從學術的立場來看，應該是沒有人在原則上不加贊成的。

　　往東南亞發展，應該沒有任何政治性的問題罷？臺灣的史前文化顯然是臺灣原住民族的祖先文化，所以臺灣的考古學與南洋的關係是非常接近的。臺灣考古學的初期，很多人相信原住民的遠祖是自南洋北渡而來的。後來臺灣與大陸史前文化的密切關聯被認定了以後，很多人又相信南洋的說南島語的民族可能是臺灣古代民族的後代。無論如何，研究臺灣考古的人對南洋的考古是一向給予密切的注意的。現在臺灣考古學既有雄厚的資本，何不把注意力轉向南方，與東南亞和大洋洲、澳洲的考古學者合作研究？現在考古學上對國際合作有一定的成規，如果我們採取主動，提倡與菲律賓、印尼、馬來西亞、澳洲、紐西蘭，以及其他東南亞、大洋洲國家的考古學者從事考古合作，我相信是對兩方面都有益處的。

　　在國家建設、文化建設上，考古學也許是件小事。但是就從這件小事的發展雄圖上，我們也可以部分看出主事者的胸襟、眼光與魄力。而且從我們從業者的立場看，考古學豈是小事？

四、一個考古工作者的隨筆——《中國文物報》專欄

寫在前面的話

　　《中國文物報》學術版編輯先生向我邀稿，我提出了寫一個〈一個考古工作者的隨筆〉專欄的建議。這個建議居然得到編輯先生的首肯，於是就從今日始。

　　中國文物考古工作者裡面知道我這個人的，都知道我在1931年生在北京，1946年回到老家臺灣，1950年考入國立臺灣大學考古人類學系，1954年畢業，1955年負笈留美，入哈佛大學人類學系進修，1960年獲哲學博士學位。嗣後我便一直在美國大學裡教考古學和中國考古學，並且多年來在臺灣作田野考古。自1975年以來訪問中國大陸多次，與國內的許多文物考古工作者熟識。

　　上面寫了這幾行小傳的目的，是向讀者說明我雖然是一個專攻中國考古學的考古工作者，比起一般國內的同行來，我卻是一半在內，一半在外。我在中國考古學上對人對事的看法，雖因此易於流於淺薄，亦可能有旁觀者清的一面，至少可有與國內的共識不同的地方。我一直在想選出一些題目來寫一個系列的論文來詳加討論。但是多少年來一直忙碌不堪，沒時間來寫長篇大論。如今若用隨筆方式寫出，可以早些提出來一些很急迫但未必成熟的看法來供讀者參考，請讀者指教。

　　寫什麼呢？我想到的一些題目大致上可以分為四類。第一類

是考古學上學術性的題目,例如在上星期的《中國文物報》上我
們看到了一項新的考古發現,又看到了一些研究線索,便在下一
次的隨筆中,說說我看到的意義和研究線索。第二類是談人物的
隨筆。我想談的人物,有已作古人的,也有健在的;有中國人,
也有外國人;要談的題目當然是與考古有關的。第三類的隨筆是
國內國外發生的考古時事,例如文物走私,北大新博物館開幕,
海峽兩岸考古合作問題等等。第四類的隨筆是對國內外考古書籍
論文的選評。

談「圖騰」 *

　　在考古學的書籍論文裡面，常常看到的「圖騰」這個名詞，是指稱在古代器物上動物的圖像的。例如，半坡村的仰韶文化的陶鉢上畫著魚形，於是魚便是半坡村住民的圖騰。殷商青銅器上鑄有虎、牛、蛇，或是饕餮的紋樣，於是虎、牛、蛇、饕餮這些實有的或是神話性的動物，便是殷商民族的圖騰。但是「圖騰」有什麼意義呢？我們怎樣來證明它是圖騰呢？這些個問題便很少見有人加以處理。

　　我有一個建議：在中國考古學上圖騰這個名詞必須小心使用。

　　「圖騰」這個名詞來自英文的 totem，而這個字來自北美印第安人奧吉布瓦（Ojibwa）人的語言裡 ototeman 這個字。我不知道中國考古學者所用的圖騰這個名詞是從那裡借用來的，但這個名詞在中外人類學上使用起來它的涵義是很清楚的。1990年出版的《簡明文化人類學詞典》（陳國強主編，浙江人民出版社出版）裡面講「圖騰」的定義是：圖騰觀念的象徵物，有「親屬」和「標記」的含意。原始人認爲某圖騰與本氏族部落有著親緣關

＊原刊《中國文物報》，1993年8月22日。

係或某種關係，因而把它當作保護神並以它作爲氏族部落的標誌和名稱。大英皇家人類學會出版的第六版的《人類學田野工作手冊》裡給圖騰下的定義是：一種形式的社會組織和巫術宗教行爲，其中心特徵爲部落中若干社團（一般爲氏族或宗族）與某些生物或無生物的結合。這本書給圖騰所作的最廣泛的定義說，我們可以用圖騰這個名詞來指稱下述三種現象之同時出現：部落的全部人口都分成圖騰群而每群各有與圖騰物之結合；各群與其圖騰之關係相類；各群之成員一般而言不得改變其所屬群。

從這兩個最一般性的參考書看來，個別的圖騰一定要與個別的社會群相結合。再看國內最爲流行的摩根的《古代社會》（商務印書館1935年譯本）中也說：「在阿吉布洼部族中，往往發音爲 dodain 的圖騰一詞，是表示氏族這象徵或徽章的。」換言之，要確立圖騰的存在，要先確立氏族的存在。可是，確立了氏族的存在並不等於確立了圖騰的存在。

半坡村的住民是不是用魚作圖騰呢？這裡有氏族組織是可能的，但是說半坡的氏族以魚爲圖騰我們必須將魚與個別的氏族的密切關係建立起來，同時將其他氏族與其他圖騰的密切關係也建立起來。現有的材料中建立這兩項關係似是不可能的。殷商青銅器上的虎、牛、蛇和饕餮如果是圖騰，它們就應當各別地與虎氏族、牛氏族、蛇氏族和饕餮氏族相結合。從青銅器的紋飾在器上的分布和在遺址中的分布看，這種結合恐怕是無法建立的。

中國考古學上能不能找到圖騰呢？我想如果有就可以。但圖騰只能在考古解釋程序的最後一步去找，而不能在第一步便假定下來。我相信在中國考古學上要證明圖騰的存在是很困難的。

介紹林壽晉《先秦考古學》*

　　近幾年來中國考古界比較資深（或更直截了當地說，已進入老年的我自己這一代的）的學者之間，有出論文集的風氣。眼前書架上便擺著安志敏、佟柱臣、俞偉超、張忠培、嚴文明和汪寧生各位先生的論文集，而且我記得另外還有。這中間有一本，不是在國內而是在香港出版的，因此可能有很多人不知道。這便是亡友林壽晉先生在生前自選的《先秦考古學》（香港中文大學出版社出版，1991）。

　　林壽晉先生（1929-1988）雖然在國內考古界很有地位，但在1975年便移居香港，今天的年輕考古家對他不一定很熟知。他是北大歷史學系考古專業1954年畢業的。他在北大畢業以後，一直在中國科學院考古研究所工作直至移居香港為止。在考古所工作期間，林先生所作田野工作，遍及華北，但他最重要的工作是河南三門峽上村嶺虢國墓地與洛陽中州路的發掘。這些發掘的資料給東周考古年代學第一次定下可靠的標尺。

　　《先秦考古學》的核心是第五章到第九章講上村嶺虢國墓地的一般特性和屈肢葬與車馬坑這幾章，和第十章到十三章主要根

＊原刊《中國文物報》，1993年8月29日。

據洛陽的材料對東周陶器、玉器和銅劍的討論。這有的是從上村嶺和洛陽中州路考古報告裡選出來的，有的是以前在期刊中發表過的文章。這些都是非常精采的論文，今天看起來並不過時，可惜我們無法知道林先生對1990年和1991年在上村嶺墓地中新掘出幾個大墓中新出土的大量文物（尤其是鐵器、玉器和遺策）的意見了。

這核心的十章前面選了四章林先生討論中國史前文化的文章，都是林先生到了香港以後的新作。可見他在考古學上新開展的一方面。書最後兩章是林先生對東周和戰國考古的概述，原是林先生對1958年出版的《考古學基礎》和1961年出版的《新中國的考古收穫》兩書東周和戰國部分的貢獻。這兩章從今天的材料來看，似乎有些過時，但專就這個在中國古代史上極為重要的一個階段的基本特徵的綜合討論上看，這兩章還是今天的必讀書。

臺灣大學考古人類學系創立四十四年*

五月底到北大參加考古系博物館開幕典禮，正好趕上北大考古專業成立四十周年紀念慶祝活動的尾聲。我承考古系不棄，受聘爲客座教授，也參加了慶賀，對北大考古專業四十年來給中國考古學界培植人材的貢獻，贊羨不已。

從北大想到我的母校臺大，不由得想起來臺大的考古人類學系的創立，比北大考古專業還要早三年。1949年，中央研究院把好幾個研究所遷去臺灣，在戰前發掘安陽殷墟的歷史語言研究所是其中之一。所長傅斯年先生同時是臺灣大學的校長。一方面他想趁機利用史語所的人材，一方面他也不得不設法爲一些同仁謀生活，傅校長便在過去的臺北帝國大學土俗人種教室的基礎上，1949年在臺大文學院創立了一個考古人類學系。這系教授主要陣容來自史語所第三（考古）和第四（人類）組。

考古組過來教書的有李濟、董作賓、石璋如和高去尋，人類組來教書的有凌純聲和芮逸夫，芮先生兼管標本室。（標本室和

---

* 原刊《中國文物報》，1993年9月12日。

圖書館都是日本教授移川子之藏留下來的，內容非常豐富。）另外作專任教授的還有陳紹馨，教社會學；歷史系聘任但擔任本系必修課的有李宗侗（玄伯）、劉崇鋐和勞榦。這個陣容是相當堅強的。

1949年級投考進來的本科生只有一名女生，叫祝啓秀，但另外有兩名男生從二年級轉了進來：歷史系的李亦園和外文系的唐美君。祝啓秀念了一年便離開臺灣，回到上海去了，後來在復旦大學做到國際政治系副教授，現已退休。1953年畢業的李、唐兩人，後來都執臺灣文化人類學界的牛耳（唐已故）。1950年考入的有五個人，但只有三個在1954年畢業：任先民、林明漢、張光直。任專攻文化人類學，張專攻考古學，現都在美國任教，林畢業後轉職銀行界。1951年考進來有五個人，但只有三個在1955年畢業：陶樹雪、許世珍、丘其謙。1956年、1957年和1958年都只畢業一個人，依序為溫遂瑩、楊君實和喬健。這些早期的畢業生好像只有我一個人是學考古的，其餘的都走了文化人類學的路。

教員的陣容繼續充實，1950年以後應聘來教的有教授衛惠林（原中央大學）、講師陳奇祿（上海聖約翰大學畢業）和助教陳楚光（商承祚先生的弟子）、何廷瑞、宋文薰（何、宋都是本校歷史系畢業的，何攻文化人類學，宋攻考古學。宋文薰的畢業論文是在李濟指導下寫的，題目是〈臺灣史前陶器的研究〉。宋是臺灣出身的考古學者中的大師兄）。稍後又應聘來兼任，教體質人類學的有史語所的楊希枚。今天來看那五十年代初期教授的陣容，可說是一時之選，可是已相繼凋謝，只有石璋如和勞榦兩先生碩果僅存了。

1950年入學的我那一班，四年中的專業課如下：一年級：考

古人類學導論（李濟）；二年級：史前史（李濟）、中國古文字學（董作賓）、民族學（芮逸夫）、中國民族志（芮逸夫）、中國考古學（高去尋）；三年級：社會學（陳紹馨）、體質人類學（楊希枚）、語言學（董同龢）、民俗學（陳紹馨）、中國古器物學（高去尋）、民族調查方法、實習（凌純聲）、中國上古史（李宗侗）、人體測量（李濟）、專題討論（李濟）；四年級：美洲民族志（陳奇祿）、田野考古方法實習（石璋如）、畢業論文（李濟）。

建議文物考古工作者熟讀民族學 *

　　1964年我在香港商務印書館買到一本《西安半坡》，當天就很興奮的看了一遍，覺得是我所看過的中國考古報告中寫得最好的一本了，因為在這本書裡遺物、遺跡是用「人」的觀點來分析、寫作的。書裡有叫「半坡」的一個農村，村人的社會、生活、各種作業活動，都有根有據地很生動地復原出來，這種作法，正是四、五十年代英、美青年考古學者所提倡的所謂「人類學」的研究法，我很高興地看到中國已經實行了。書裡說它的主要作者是位石興邦先生，這位石先生要到十幾年之後才得見面。我們一見如故，結為至交。熟識以後，知道他出身南京中央大學邊政系，與他的教師（也是我的老師）凌純聲、衛惠林等先生學過文化人類學，因為他有人類學的眼光，掌握了人類學的方法，所以他寫的《半坡》報告，有「物」也有「人」，這本報告出版已有三十多年了，到今天還是一本好書。

　　文化人類學（或稱社會人類學、民族學）研究全世界各種不同文化習俗與社會制度，具備所有種類的藍圖，這些習俗與制度，在考古遺址裡面，只有一點物質痕跡殘留。不熟知文化人類

＊原刊《中國文物報》，1993年10月31日。

學的考古工作者，很自然地將這些遺物只當作物質文化處理。熟知各種習俗制度藍圖的考古工作者，便有可能根據殘存的部分將全部習俗或制度復原。在中國考古學上最好的例子，是汪寧生先生對八卦和骨卜的研究。西南少數民族裡有用竹籤占卜的，他們占卜的方式，可以解釋八卦的形狀。又有用羊肩胛骨占卜的，他們解讀卜兆的方法，也可能是殷商卜人的方法。我自己研究中國考古和古代史，在觀察材料的時候，滿腦子都是文化社會的無數藍圖，隨時準備抽出那個能夠把材料復原為制度習俗的一張圖來。人類學的藍圖幫助我提出許多問題的新解釋，如仰韶文化中的巫師，商周青銅器上動物紋樣的溝通天地作用，商王廟號與王位繼承制的關係等等。

　　但是，從另一方面來說，在考古學上要使用民族學的資料或原理，必須非常謹慎。首先，民族學中的原理，通常有有限的適用性，絕不能把它作教條用。根據摩根的《古代社會》說某個早期原始公社是母系社會而拿不出獨立的內部證據來證明它是母系，便是教條主義。亡友李光周先生根據陶製紡錘類型少、石製網墜類型多這件事實，參考了工具類型在現代氏族社會中分布的現象，主張臺灣南部的墾丁遺址是個母系或至少是夫從妻居的社會，因為男人使用的網墜可能來自許多不同的聚落，所以類型複雜。這個推論，是否能夠成立，可以有不同的意見，但李先生這個方法，便不是教條主義。

　　其次，在民族學藍圖與考古學、歷史學史料之間，史料為先。不能拿史料去湊合藍圖，要用藍圖去對拼史料。讀民族學，也要像讀別的書一樣，必須融會貫通，切忌半瓶醋的讀法。我建議大學考古和先秦史專業的課程裡都必修重部頭的民族學課。

要是有個青年考古工作者來問道 *

有大才、有大志的年輕人，很少有學考古學的。我有時白日作夢，夢見天資好，人又天眞又用功的中國青年，志願以考古爲終生事業，來問我這個老年考古學家對他（她）有何指示，這雖然只是夢境，我還是將答案準備好，以防萬一。

首先，我要向他道喜，因爲他選擇了一項前途無量的學科。我不能說考古比別的學科都有出息，但是我可以說這是一門比較年輕的學問，亟待解決的問題特多，人人有機會作突破性的貢獻。同時，要考古一定要做田野工作，我想不出比田野考古更大在精神上的享受了。

可是，換過來說，我也要警告他，你假如想發財，最好去作別的行業。

我要告訴他的第二件事，是要敬老尊賢。考古學這類人文學是科學也是藝術。抓問題，找答案，固然有科學原則可循，但一生堆積起來的經驗，常常是一個學者最大的本錢。

可是，我也要告訴他，我們這一代的老年學者，常有一些不良的習慣，背著沉重的包袱。我們因爲多年來在一個小圈子裡面

＊原刊《中國文物報》，1993年11月7日。

一起工作，不免有種種的恩恩怨怨，人與人之間常形成派系關係。你們年輕人萬萬不可捲入。假如有人要拉你入伙，便躲他遠遠的。同時，我最不贊成中國傳統上的師徒關係。去找老師學本事，應是跟他「學」，不是「跟」他；他給你教育，是「教」你，不是「帶」你。你要去許多老師那裡去汲取每個人的精華，然後加以融會貫通，創造成自己的學問，這樣才能「青出於藍而勝於藍」。如果只「跟」一個老師，了不起你跟他一樣，不然的話就是一代不如一代了。如果有位老年考古學家，堅持你只許跟他學，或是不許你有你自己的看法，我就建議你另請高明。

第三點我準備說的，是要建議他不要把他要念的書限制在考古學內。最理想的是要將所有有關中國史前與上古的學科都搞熟悉。我們常常把本來是人工區分的各門學科當作現實的範疇，說我要作這個便是這一行的，要作那個便是那一行的。所以學考古的便不搞古文字，學上古史的便不去田野。可是今天再這樣作便是作繭自縛了。你要學舊石器時代文化的話，除了學石器以外，至少還要學地質學和古生態學，要學新石器時代文化，就還得學植物地理學和原始社會學，要學三代歷史的話，就要學考古、經籍、甲骨、金文和早期王國民族學。你看，念考古不是挖挖死人骨頭就成了，它是很複雜的社會人文科學。它的難在此，它的樂也在此。

最後一點我要說的，大概他們都愛聽。就是說，今天念中國的考古不是念念中國的材料便行了。每個考古學者都至少要對世界史前史和上古史有基本的了解，而且對中國以外至少某一個地區有真正深入的了解。比較的知識，不但是獲取和掌握世界史一般原則所必須有的，而且是要真正了解中國自己所必須有的。為

什麼說他們都愛聽這個話呢？因為他們很多人都想出國去念書，我這個說法給出國留學生撐了腰。可是出國跟比較研究是兩回事，我對他們在那裡學這些洋玩意並無意見。

談文物盜掘與走私*

我在美國、臺灣和香港親自看到大量新近盜掘走私出來的各種質量的文物。至於間接聽到國內文物考古同行所說的各種令人切齒的故事,是說不完的。由文物盜掘與走私所造成的對文物和考古遺址、遺迹的大量破壞,已是公認的事實。

那麼有什麼辦法可以減少甚至消滅文物盜掘和走私呢?大家都知道中國文物系統各級單位已經盡了最大的努力了,可是它們還需要各方面的大力支援:

(一)要徹底解決這個問題,中國文明的歷史和代表這個歷史的文物,必須在十億中國人民的價值系統裡面,占有一個很高的地位。這不是社會某一個單位能夠單獨負責的,而是社會上所有單位都要負責的。要掀起這種風氣,我建議請國家領導人、人大、政協和各級媒體,在這個問題上,公開表態,大聲疾呼,造成不可抗拒的法律上、道德上和輿論上的壓力。

(二)文物考古工作者,以身作則,不買賣文物,不收藏文物。把科學的考古學輸入中國的我的老師李濟先生,自1928年初任中央研究院歷史語言研究所考古組主任發掘殷墟時開始,便與

---

* 原刊《中國文物報》1993年。

從他自己以次的考古組同仁約法三章，凡是作田野考古的就都不藏骨董，因爲考古學家的骨董是哪裡來的，難以解釋。這個傳統在中國田野考古界中一直繼續至今。

（三）與港、澳、臺考古文物工作者及司法單位在此事上達成協議。有人說古物如給港澳臺博物館或收藏家收購，總比流到國外好。但有人買便創造供應的需要。要杜絕古物盜掘走私，釜底抽薪的辦法便是使買主消失，有供無求。

（四）與包括美國在內的聯合國敎科文組織保護文物公約各簽署國達成協定，阻止來歷不明文物出入各國海關，同時與各國博物館達成協議，以交換文物的方式換取各博物館不買來歷不明文物的承諾，盡量減少走私文物的國外市場。對不合作的外國博物館，在文物交流、合作研究一類項目上加以「杯葛」，以鼓勵他們合作。

我知道不管採取哪些手段，文物盜掘走私是根絕不了的。但一個國家的文物就是它的靈魂。人莫大於心死，國家亦然。中國再不對文物盜掘走私宣戰，在世界面前怎能抬起頭來？

北大考古系賽克勒博物館開幕有感

今年五月北京大學賽克勒考古與美術博物館隆重揭幕，我有幸躬逢其盛，將館中的設備、陳列，和圖錄，都詳細地參觀研究了一下，有下面的幾點感想。

首先，我完全相信使這個博物館能成為事實的制度，即有這個能力的人捐錢作慈善事業的制度，是值得鼓勵，值得推行的。美國如果沒有這種制度，它就不會有哈佛，耶魯，麻省理工學院這一類的大學，也就不會有斯密斯生研究院這一類的機構，當然它就不會有它今天在科學技術上的領導地位。美國的亞瑟·姆·賽克勒醫師生前捐錢建了三棟考古美術博物館——除了北大的還有兩棟在華盛頓和哈佛大學——和幾處醫藥研究機構，一方面對學術和教育作了不得了的貢獻，一方面把他的大名存留不朽，一舉兩得，有益無害，這種行為，在中國也不是沒有：前清的武訓，民國的陳嘉庚，都是好例。十年來中國經濟改革，造成了許多大富翁，希望他們考慮向賽大夫學習，也化錢換個不朽。

大學的博物館有雙重的任務：它是教學的好工具，也是將大學師生研究結果與社會群眾分享的媒介，中國的大學各考古系和專業，都有「標本」陳列室，但有一個博物館的，據我所知只有三家，即北大，廈大，和臺大，其中要講建築新，設計好，藏品

豐的，沒有問題是後來居上的北大考古系，我在臺大念考古四年，四年中都與系博物館分不開，用它的藏品作研究、把發掘到的新資料整理後給了它作藏品。我能夠完全知道北大賽克勒博物館在今後考古系教學上的無比的重要性。

北大賽克勒博物館的藏品在數量上和代表的文化範圍和種類上，當然比不了歷史博物館，但它的藏品（除了在展室中陳列了一些從地方文物考古單位借來的器物以外）都是北大師生自己發掘出來的，它們的科學價值，每一件，即使只是一片陶片或僅是半個石刀，都是連城的，其中有一部分，因為它們本身或所出的遺址的特別的重要性，在學術上的價值是獨一無二的；後面這種藏品，可以舉出來作例子的，有遼寧營口金牛山的人骨化石和石器、山東長島北莊的大汶口文化遺物群，和山西曲沃西周時代的晉國墓葬群。參觀北大考古系博物館是全世界研究中國考古學的學者學生的必修課。

在開幕典禮進行的幾天中，全國各地的考古工作者，包括資深有名的，也有青年一代的，都來參加慶賀，令我不時想到吳佩孚「八方風雨會中州」這一名句，除了中國考古學會年會以外，我相信只有北大能請得到這麼多的考古界的英雄好漢來一同慶祝，開會。從北大考古專業（系）四十年專輯裡面，看看歷年的畢業生名錄，再加上北大共同培訓的四期「黃埔」學員，幾乎將全國文物考古工作領導幹部一網打盡，北大對中國考古學四十餘年來的驚人發展的貢獻是巨大的，近年來考古學系或專業在其它大學中也有很重要的發展，這些其它大學的畢業生也逐漸投入全國考古工作幹部的行列，但是北大還是維持著它的老大哥的地位，這個新博物館的建立，使北大的教研條件更有增進，相信北

大考古系一定能夠通過下一代考古工作者的培養，在帶著中國的
考古學進入二十一世紀這個時代的使命上繼續作出決定性的貢
獻！

懷憶民族學前輩學者凌純聲教授*

先師凌純聲先生逝世已有十多年了，最近常常想起他。我和我這一代在臺灣大學文學院畢業的考古學和歷史學者所受這位中國民族學老前輩的影響，是非常深重的，在許多作學問的方面，他給我們的影響比許多考古學歷史學的教師還要大。

凌先生是江蘇武進人，在南京東南大學畢業後，到法國巴黎大學念了一個博士學位。他在巴黎的教師包括社會學家 Marcel Mauss，但對凌先生影響更大的是一位傳播論學派的 George Montandon 教授，他回國後在中央大學邊政系執教，並且做了中央研究院歷史語言研究所第四（民族學）組的主任，一度還作過教育部邊政司的司長。1949年凌先生到臺灣，應李濟先生之聘任臺大考古人類學系教授。

正式上過凌先生的課只有地理學和民族學調查實習，但是真正跟他學為學之道是在課外。凌先生特別講究吃，而凌師母的烹飪技術在系裡是有名的，所以我們作學生時常到凌家去吃飯，飯後便聽凌先生講學。同時，在五十年代的初期，凌先生特別多產，寫了一篇又一篇的論文，常常叫我替他抄寫，在這種機會下

---

* 原刊《中國文物報》，1994年1月30日。

從凌先生不知不覺的學到了很多人類學、民族學的看法，也學了不少作學問的方法。

在1949年以前凌先生以邊疆民族分類和土司制度研究見稱。到臺灣以後，凌先生看到臺灣原住民族在文化與中國古今西南民族文化的類似，創始了一個「東南亞古文化」的概念，就是說中國南部有一個古代文化的底層，分布在整個的長江流域和東南海岸，並且延伸到東南亞大陸和島嶼，它也是黃河流域的古代文明的一支源頭。凌先生的教法，使我們養成了對南方文明重視的習慣，體會到筆記、隨筆及任何官方和民間的文獻資料的寶貴性，而且今天看到了新的考古材料對凌先生的幾點重要的推論（南方文化的底層、中原文明的海洋背景、華南和東南亞古文化的類似性與歷史關係等等）給了有力的支持。

凌先生教我們民族學的田野工作，但他也灌輸給我們對民族史文獻材料的重視，古地理書從《山海經》到《太平寰宇記》，宋元以來筆記、地方志，甚至古代經典，無一不是作民族學的材料，從凌先生學到對任何材料都可以用人類學看法去研究的敏感度。寫文章從找材料（「你們要把每本期刊從頭查到尾」）到作腳注（「要把卷頁數字從原書查到後全部注出」），都是他不嫌煩地一點一滴地逼著我們養成習慣的。

凌先生的著作在他去世後由他的學生和同仁集成兩大本，由聯經出版公司出版，題名為《中國邊疆民族與環太平洋文化》（1979），這兩本是每個中國考古文物工作者的必讀書，讀後我保證您們對考古材料的看法為之一新。

考古工作者對發掘物的責任與權利

　　古代的歷史文物在地下埋藏多年，如果沒有人把它發掘出來它不知道還要埋藏多少千、萬年，假如我今天把它挖了出來，我第一個念頭便是：這批東西落在我的手裡，而沒有落在數百年前某人手裡，也不可能再落在我以後任何人的手裡，這是一件偶然的事件，但是這批材料的處理就全在我了，我假如不好好把它發表出來，供千古後人研究使用，這批材料就從歷史上消失了，這個責任是如何的重大！

　　但是在考古學界──不但是中國的考古學界而且是全世界的考古學界──又有這麼一條規矩，就是說誰挖的遺址遺物就歸誰發表，在他發表以前別人不應該公布他的材料，這條規矩是有道理的：第一，只有發掘者有準確的地下情況，別人不能越俎代庖；第二，這也是所謂智慧產權的問題，各個人的發掘方法不一定一樣，我的挖法是我自己設計的，我有權利把我這作業的結果用我的名字公諸於世。

　　上述的義務和權利最理想的調和，便是我將我挖的遺址遺物很快的用敘述式客觀的發表出來，把這批材料永久保存，供他人研究，這樣我可以享受了我的權利，也盡了我的義務。可是在中國考古學的歷史上，事實常常不能符合理想，從二十年代田野考

古輸入中國以來，發掘的材料很快地發表可使大家利用是例外，堆積著許多材料自己不發表也不給別人研究使用——所謂占著茅坑不拉屎——成爲常情，這裡面有好幾種因素。

第一是亂世不得已，中央研究院發掘殷墟尚未結束就發生了盧溝橋事變，然後八年抗戰，五年內戰，殷墟的出土品到了臺灣時，人員已經凋散，到今天有一部分資料已經無法整理。

有時是人手不夠，經濟建設有時太快，搶救文物太多，整理人手不夠，只好把出土物放在倉庫裡長霉。

有時把材料不當一回事，用了便扔，美國所謂「新考古學派」（New Archaeology），他們的作法是先作結論，然後發掘考古資料來對他的結論（美其名曰「假說」）加以驗證，考古資料出現之後，就要看是否照假說預定的方向走，不管它走那個方向，假說是否驗證，考古資料本身再無用處，一般便作廢物丟掉了。

我猜想也有時是人情之常的自私心理作祟，有時是山頭主義：此山是我開，此樹是我栽，這是我的勢力範圍，這範圍裡面的寶貝非等我發表不可。有時是將文物當作晉身的資本：我發表了是我的成績，升級加薪分宿舍都靠這筆老本，所以如果我一時寫不出來，就先放著等我寫得出來時再寫。

由於這些和其它的因素，我相信在全國——說不定是全世界——發掘出來存在倉庫等待發表的考古遺物要比已經發表可供世人利用的材料要多數十倍或數百倍，如果我說得不錯，就是說我們考古工作者享受了我們的權利，可是沒有盡到我們的義務，我們所造成的歷史上的損失，是沒有辦法補償的。針對這些因素的補救辦法，在客觀上的，希望政府能多多培植文物考古人材，提

高文物考古工作人員待遇，在主觀上的，就要看我們自己對歷史
的任務看得有多麼嚴重了。

撰寫研究計畫申請經費經驗談

近年來國內文物考古工作者向國外基金會申請研究經費的逐漸增加。因為國外有將申請計畫廣寄各地專家學者評審的制度，有些計畫到了我的手中。我覺得國內的同仁缺乏撰寫這類計畫的經驗，一般而言都寫得不夠水平，有時把很強的計畫寫得很為草率，無法與別人競爭。因為我有些在國外撰寫與評審的經驗，相信如果將一般基金會和評審員所期待的在申請計畫裡要包括的內容描述一下，也許可供國內學者的參考。

一個研究計畫要有一個言簡意賅的名稱，要有具體、明確、範圍現實的目標；要有在學術上創新的意義；要有勝任從事這項研究的人員；要有實際上可行的期限；還要有反映現實與精心細慮的經費預算。

計畫至少包括三部分：計畫說明、研究人員、經費預算。人員項下須列述每個參加者的學歷、經歷、研究經驗、詳細的著作目錄，和在本計畫中所擔任的工作；預算要具體、詳細，並且明顯反映現實。

計畫的核心是計畫說明，大計畫可長，小計畫可短，但不論大小長短，這一部分必須質精，一般可照下舉題目依序說明：

　(1)第一節（段）通常是整個計畫的摘要，用很簡單緊湊的語

言，說明這個計畫是要達到甚麼目的，為甚麼要作這項研究，就是作了以後對學術有甚麼貢獻，如何作這項研究，和這個班子有何資格來作這項研究。

(2)下一節（段）是很重要的一節，就是這個研究題目過去國內國外研究的歷史，這等於一篇研究論文，附全部腳注和參考書目。這篇論文寫得好，可以證明申請人是內行，對過去在這個題目上所有的研究都知道，能夠在前人研究的基礎之上再進一步，作新的貢獻。

(3)再下一節（段）中說明這個計畫所用的技術和方法，證明可以比前人更進一步，並詳述執行這個計畫的具體步驟，包括長短程目標估計及每一階段人事。

(4)最後一節（段）描述預期結果及公布出版計畫。

追記臺灣「濁大計畫」

　　二十多年以前，我在臺灣領頭執行了一個多學科的考古計畫，研究臺灣中部濁水、大肚兩溪流域的人地關係的歷史。這個計畫簡稱濁大計畫，規模甚大，收穫也很豐富，但是由於籌措經費的困難，做了四年便停止了。不意無心插柳柳成蔭，當時參加這個計畫的青年學者今天有很多都成爲人文社會科學的大家了，他們中間有許多人常常對我說他們當年參加濁大計畫的經驗對後來的學習成就有很大的貢獻，有人就問爲何今天不再組織幾個新的濁大計畫。濁大計畫這個名字也傳到大陸一些青年學者的耳中去，有人就建議我給大陸的考古工作者把這個計畫介紹一下，看看可不可以作爲一個值得參考的模式，濁大計畫身後所受到的注意，遠遠大於生前，這是我沒有想到的。

　　六十年代後期，我在美國耶魯大學教書，對美國人類學系統的考古工作的作業程序比較熟悉，覺得在一點很重要的特徵上，是值得中國考古工作者學習的，就是美國考古隊的成員，從開始設計起，便是許多有關學科共同組成的。學科的選擇要看工作的性質而定，例如要組織一個舊石器時代遺址的發掘隊，所需要代表的學科應包括地質、古生物、古植物、古生態、古地磁、舊石器時代考古、物理與化學考古等科，以在發掘過程中不致遺漏任

何有用的資料，或忽視有關的問題。但是我們知道臺灣的濁水、大肚兩條河谷的人類歷史，主要是新石器和歷史時代的，同時這個區域現在有好幾個不同的族群。作這項工作所需的學科，就應包括考古、歷史、民族、地質、地理、動物、植物、民俗、社會等有關的學科。我就決定試組一個研究隊伍，把這種多學科的作法在中國試試看。

緊接著來的一個問題，是到那裡去邀約這些學科的專家，這個答案是很顯然的，既然我的目的是把一種新的研究途徑介紹給中國考古學界，要想它能在中國生根，自然找本地的學者要比從外面短期來「玩票」的要有長程的意義，同時本地的學者對本地的人文、社會和環境科學要比外來的客卿熟悉得多。於是我就在臺灣六門學科裡找到了熱心合作的對象：考古、民族（包括歷史）、地質、地理、動物和植物。這些學者來自中央研究院、臺灣大學和師範大學，大家集合在臺北開會，討論計畫的內容、程序、人力資源等等實際上的問題，討論完了以後，我即撰寫計畫書，向行政院國家科學委員會申請經費。國科會問我，你這六個學科從來沒有一起工作的經驗，你預備怎樣把它們「整合」起來呢？這是個合理的問題，但既然沒有經驗，我也沒有答案。但如果以工作的目標與範圍為組織的標準，那麼不管是哪一科的人，都是作同一件事，只是用不同的材料和方法而已。他們在工作過程中，自然可以摸到整合的程序。國科會對這個回答半信半疑，但同意給我們一年的經費試試看。一年作完了又作了第二年。兩年中參加的學者們逐漸熟悉彼此的工作，逐漸能彼此配合，常能事半功倍。每年開兩次討論會，各個學科個別報告它的工作，然後彼此提出互相聯繫的意見與建議。在這兩年中，濁大計畫聘用

了許多大學生，他們開始養成與有關學科學者配合工作的習慣。

過了兩年，國科會不再支持經費，我們得到美國哈佛燕京學社資助，將規模稍爲縮小，又工作了兩年，四年中所得的資料的範圍，包括自人類進入這個區域開始一直到漢人移民入境的全部歷史時期，和這部歷史過程中在自然環境上面的各種變化。但是這批資料需時整理，有關的報告和論文在計畫結束以後二十年內一直陸續問世，一部綜合性的濁大流域的人類歷史並不是計畫的最終目的，要寫的話材料也還不夠，但是這四年的研究證明了這種研究途徑在中國（尤其在華南海岸上許多界限分明的河谷地區）是在學術上和下一代人材的培訓上值得一試的。

但是在山頭主義瀰漫，學科壁壘分明的中國學術界，這種工作方式推動起來有相當的困難，中國人的處世哲學是一動不如一靜，把很多學術單位的許多學科的學者組織起來，依照一個研究計畫配合行動，需要有精力、有相當學術地位、有外交能力的一個主持人，還要有各學術單位領導的了解和支持，並且要找得到財源，濁大計畫準備了至少兩年，執行了四年，在最高峰時期從事研究的學者與學員有一百餘人。若沒有有眼光而且對我有信心的學術界的領導人物如中央研究院錢思亮院長、臺灣大學閻振興校長、國科會故副主委王紀五先生的了解和鼓勵，和工作同仁宋文薰、李亦園、林朝棨、石再添、梁潤生、黃增泉等先生的合作無間，這個計畫根本不能起步。四年過後，雖然成績堆積如山，但整理和出版不能趕上，以致經費短絀，不得不結束田野工作，以後的工作便屬於「收攤」性質的了，這以後臺灣還沒有第二個「濁大計畫」。看來我對這種研究方式在中國生根的希望，至少在人文社會科學界仍須努力。

從俞偉超、張忠培二先生論文談考古學理論*

(一)

近年來國內的考古學界，主要是受了美國的影響，對考古學的理論有很多介紹與討論的文章。我在早年曾經對考古學理論有很大的興趣，在五十、六十年代也寫過不少文章，所以我對國內考古理論的發展，付以密切的注意。前年俞偉超和張愛冰兩先生在《中國社會科學》1992第六期發表了一篇重頭文章，題為〈考古學新理解論綱〉。去年在十月二十四日的《中國文物報》上，刊了張忠培先生一篇題為〈考古學當前討論的幾個問題〉，對前文加以批評，因為俞、張兩位先生在中國考古學上的地位，這兩篇文章引起了很多人的注意。

英美兩國考古學理論近年的突破飛躍性的發展，始於二次大戰後，醞釀於五十年代，而起飛於六十年代。我正好五、六十年

---

* 本文用原稿排印。1994年5月8日刊於《中國文物報》，第382期。

代在美國哈佛和耶魯兩個大學進修和教書，在這次發展的過程中，可說是一個參與者，對那次考古學在理論與方法上的革新的前前後後是相當熟悉的。今天看中國考古學界也似乎正在理論方法上醞釀一次大革新的前夕，想將我這個在美國參加過類似的一次大革新者事後的回顧和檢討寫一點下來或可供國內考古界同仁的借鑒與參考。

首先我想應該將英美（尤其美國）六十年代起飛的大革新的始作俑者弄清楚。很多考古學史家用賓弗（Lewis Binford）作為所謂「新考古學」的創始人，這是不正確的。向美國傳統文化史派考古學開第一炮的是當時在哈佛大學人類學系作助理教授的三十六歲的柯萊德·克羅孔（Clyde Kluckholn）。在1940年出版的《馬雅與他們的鄰族》這本書裡寫了一篇十頁長的文章，叫〈中美洲研究在概念上的結構〉。這篇文章有這樣的一段話：

> 首先，讓我記錄下來我整個的印象是中美考古學這門學科裡面的許多學者都只不過是稍微改革了一點的古物學家而已。對一個對這些非常專門的領域來說是一個外行的人，似乎有很多在細節本身上爲了細節本身的目的像著迷了似的滾來滾去……在任何一個學科裡，不時都應該出現在比較高度的抽象水平上寫作的書籍或論文來主張各個範疇的資料與人與人之間的行爲上有何意義。照我的坦白的意見，中美專家在這方面的工作少得可憐……假使考古學家和民族學家簡直還沒有開始向他們自己提出來「就怎麼樣」（so what），各個研究基金會和其他研究經費的來源已有提出這個問題的跡象。除非考古學者把他們的工作當作了解人類行爲的一般性的研究工作的一部分來從事，

我恐怕沒過幾代以後他們會發現他們自己會給人看成阿魯
都斯·赫胥黎筆下一生獻身於撰寫三個叉的叉子的歷史的
那位仁兄一類的人物。

克羅孔批評的對象是「中美考古學」家，但他主要的目標是
當時美國考古學界的一位領導人物，阿福瑞·祁德（Alfred V.
Kidder）。祁德是卡耐基研究院考古部的主任，在哈佛時曾作過
梁思永先生的老師，也是克羅孔的老師。克羅孔能如此嚴厲地對
他的老師的考古作法加以批評，而兩人一生到1960年克氏先逝為
止一直保持密切的友誼，美國學術風氣與學者風度可見一斑。

克氏對考古學家只重研究器物的細節而忽略人類行為的批
評，在戰後促成了他手下一位研究生瓦爾德·泰勒（Walter W.
Taylor）博士論文《一篇考古學的研究》（《美國人類學者》雜
誌50卷第3期附刊，專刊第69號，1948年）的出版。泰勒這本書
可以說是新考古學的宣言，他也和克羅孔一樣批評了以祁德為代
表的美國考古學傳統派，專搞年代學與器物類型學，而不重視對
人類行為的研究，泰勒氏主張用人類學與歷史學的方法和理論，
研究考古學的資料，特別發明了「綴連法的研究方式」
（Conjunctive Approach）這個名詞，就是說要研究古代人類的
行為，可以試將文化各方面的遺物綴連起來，重建文化的有機整
體，這本書是美國考古學史上第一次具體地提出來從古物研究古
人的方法。

就在四十年代的後期和五十年代的中期，文化人類學者朱理
安·史都華（Julian H. Steward）寫了一系列的討論文化生態學
的文章（後來在1955年集成《文化變遷的一個理論》一書出
版）。四十年代後期，在史都華的影響之下，華盛頓的斯密生

研究院創立了一個在南美秘魯進行的一個「維魯河谷研究計畫」，從民族、考古、生態科學、民族史等多方面研究這一個小河谷從史前到現在的人地關係的歷史，在這個計畫之下，戈登·魏利（Gordon R. Willey）通過聚落形態的研究，討論了維魯河谷自史前時代以來人類社群的發展和變遷，在1953年出版了他的名著《秘魯維魯河谷的史前聚落形態》。這本書公認為泰勒所主張的綴連研究法第一次具體的實用，新考古學派所推崇的賓弗寫的《作為人類學的考古學》（1962）的出版，已是九年以後的事情了。

（二）

二十世紀的六十年代，全世界的青年人中間都掀起了大改革的風潮，這該如何解釋，不是我在這裡能談的問題。美國的一些青年考古學者，接著克羅孔、泰勒、史都華、魏利等人發動起來的新作風，要求考古學走出年代學和類型學的老路，以研究人類社會的發展變化程序為目標，使考古學成為社會科學，對當代的問題可以有所啓示，但是從六十年代的青年人的眼光來看，四、五十年代的這幾位革新考古的先驅者，也是老骨董了，宜於忽視，以賓弗為中心的芝加哥大學的幾個年輕學者和研究生，便另起爐灶，從各社會科學學科借來一套新名辭，將泰勒、魏利等人的考古新方法，重新安排了一下，變出來一套所謂新考古學。

最近十多年以來，中國考古學界與英美考古學的接觸日益密切，因為過去孤立很久，忽然看到國外五花八門的新技術、新理論、新方法，感覺非常興奮，所以國內有不少考古工作者，也要在九十年代的中國作四、五十年代美國所作的工作，就是說將考

古工作超越年代學和類型學,超越遺址遺物的敘述,而要進入社群的分析、行爲的復建,和一般社會科學原理的形成;我覺得這是非常合理的希望,是將中國考古學向前推進的動力。我覺得今日的中國考古界的氣氛很像六十年代美國考古學界的氣氛:積極、開放、創造、剔除陳腐、充滿希望,許多年輕人整裝待發。

中國今天考古學要找尋新的道路,比美國當年比起來要占一個很大的便宜,因爲美國這條路已經走了三十多年,今天回顧一下,知道哪條路是康莊大道,哪條路是死路一條,哪條路是近路,哪條路是冤枉路,中國考古學界可以參考一下他山的經驗,不妨學其精華,但不必蹈其覆轍。

我先說說在我的意見裡,哪些是最危險,最浪費的「覆轍」,美國考古界在六十年代和七十年代所犯的最大的錯誤,是讓賓弗的「新考古學派」唯我獨尊,排除異己,自認全國考古界的惟一的正確的路線,大部分的公私學術基金會的評審人員,多是新考古學派的學者,提交的考古研究計畫,如果不是用新考古學的觀點來設計的,就通不過,有許多比較傳統的考古學者,被迫使用新派的名詞,把不是用新考古學的觀點設計的研究計畫,寫得像是新考古學派的,只換湯不換藥,結果常常得到所申請的經費。但是大部分非新考古學派的學者,就不去這些基金會申請經費,而去想別的辦法,有時他們便籌不到經費,或者需要改變原來計畫,這二十年中間,美國作了不少新派的田野和室內工作,收穫極爲令人失望,而且怨聲載道。這種情形到了八十年代,新考古學唯我獨尊的地位衰微之後才逐漸改善,從這個經驗所得的教訓,是在一個社會裡面的考古界最好採取「理論多元化」的政策,讓各種不同的作考古學的途徑,互相競爭,或彼此

截長補短，不必一定要辯論到你死我活，現在美國的考古界可說就是這種情況。

上面說到傳統的考古學者，如果使用新考古學的名詞，常常可以魚目混珠，用新名詞，說老內容，這是回頭看看新考古學的發展史可以汲取的另一個反面的教訓，就是新名詞不一定有新內容，如有新的想法，不要馬上就發明一個新詞，以表其新，新內容多半可以用很普通的語言表示得很清楚的。新考古學在很多的意義上可以說是國王的新衣，在不少新考古學的著作裡，使用了許多從別的學科（如生物學、統計學、電腦學、哲學、商業學等）搬來的新術語，讀者看不懂，不敢說話，怕說了給人知道他看不懂，其實作者也未必懂，新考古學者寫的書一般都不易懂，而以英國的英年早逝的大韋•克拉克氏為最。他在1968年出版的名著《分析考古學》是我平生所看到的考古學書籍文章裡面最難懂的一本，從那本書一出來我就向同事承認裡面有很多段（常常一段就是一個句子）我看不懂，但是很多人都稱讚他這本書是考古學的一個突破，可是今天跟我說他們也看不懂的越來越多了，這種一窩蜂走時髦不務實的風氣希望中國的青年考古工作者不必模仿。

最後值得提出的一點所謂覆轍的教訓，是美國新考古學派對資料本身鄙視態度和對所謂「程序」（或社會科學的一般適用性的原則）的過分強調。他們不相信考古材料本身有任何的價值；考古材料只是驗證先行假設的原理原則過程中偶然的產物，現在的考古學者回顧三十餘年以來的新派考古工作，既看不到任何有真正突破價值的新的社會科學原理原則，也找不到很多豐富可用的考古新資料，這三十來年美國考古學最豐富的收穫，照我個人

的意見，是許多非新考古學派和不斷採用日新又新的技術和方法
的考古學者所積累的許多新資料和用新舊資料研究所得的對古代
社會文化及其發展的新看法。

（三）

上文說過我們要汲取六、七十年代美國新考古學的精華。一
個風靡一時令一代的青年若瘋若狂，緊緊追隨的學派，必然有它
引人之處。新考古學最大的吸引力，現在看來，是情緒上的，四
十年代的瑣碎性的考古學，以資料爲最終目的，以年代學的建立
爲研究目標，以類型學爲唯一方法的老考古學，早已在克羅孔、
泰勒等重視社會科學一般原理的人類學者的批評下，暴露出來它
應用範圍的局限性，在六十年代全球青年不滿現實盲目追求理想
那個時代背景之下，懂得如何煽動的賓弗等幾個牛輕學者，登高
一呼，指出在考古學上必須超越傳統瑣碎考古作業而達到能夠解
釋人類行爲的一般原理，這雖然不是他們的創見，但他們發明了
一套嶄新術語，創出來一套自圓其說的理論結構，很快地，一大
群青年學者，在賓弗敎主的領導之下，在考古學園地裡面狂熱地
耕耘，本來死氣沉沉的美國考古學，成爲一個活力蓬勃的新天
地，在這種氣氛之下，美國考古界出現了很多的新的研究領域與
新的研究技術和方法。

近二三十年來美國考古學最大的進展可以說是在「技術」上
面，絕對年代的斷定，古代自然環境和古氣候的重建，用遙感和
地球物理各種測試技術調查地面下的埋藏，古人飲食的鑑定，還
有其它一系列的新科技，將考古學者所能找到的與古人生活有關
的資料種類和數量，巨大地增加。對此我們要感謝新考古學對古

文化生態學的特別重視，不久以前我在臺灣的《田野考古》上寫了一篇叫〈臺灣考古何處去？〉的文章，其中我建議臺灣的考古工作者能夠爭取達到「理論多元化，方法系統化，技術國際化」的目標，這三條目標，在中國大陸上也可適用，尤其第三項「技術國際化」更是當務之急。

「方法系統化」可以說是美國新考古學最有貢獻性的一個特徵，傳統考古學在解釋考古現象時所用的方法，常常是「想當然耳」，或是來自解釋者的靈感，多沒有有系統的方法，新考古學派有一套「假設驗證」的明白清楚的程序，其它的考古學者可以對他的結論不同意，但每個人都知道他這個結論是怎樣產生出來的。中國考古學者所使用的方法，主要是地層學和類型學，所得的結果基本上有關年代、器物和文化關係，但在人類生活風習、社會結構、經濟形態和運作關係，以及宗教巫術等行為的研究，缺乏系統明確的方法，最近在俞偉超和張忠培兩位先生帶頭所進行中的在考古理論上的討論，希望在這方面有所推進。

看了俞、張兩先生的論文，使我想起近年來考古理論論文在中國的逐漸增加，所以將美國三十年來考古理論類似的發展中的得失，揀其大者略作介紹，以供國內考古工作者的參考、借鑑。俞、張兩先生都是我的知交，他們一定知道我這篇隨筆沒有任何影射的存心，張忠培先生作的陝西華縣元君廟的發掘報告公認是研究中國史前時代親族組織的模範，他雖然在最近的論文中強調地層學和類型學的重要意義，卻絕不能比作美國傳統考古學的代表祁德。俞偉超先生雖然提倡考古學的新結構，卻是中國文明深入研究專業的一員，最近以歷博館長之尊還在主持河南班村的發掘工作，與不與任何一個文明認同而且只講理論不作考古實踐的

賓弗敎主迥異。他們兩位都是理論修養極高的，但著重的方面不同，兩人的主張與其說是不同，不如說是互補，這便是我在上面鼓吹的「理論多元化」的萌芽。我自己因爲五十、六十年代參加美國考古理論戰的經驗，對考古理論在中國考古界能達到共識的可能性是不樂觀的，甚至可以說我並不以爲中國考古界達到理論共識是件好事，因爲我擔心「唯我獨尊」局面的再現。現在兪、張兩位重量級的理論家旣已出台，看來中國的考古界即將進入一個百（理論）家爭鳴的階段，這是令人十分興奮的發展，全世界的考古學家都將對此付以密切的注意。

五、雜文

新年三夢 *

〈人間〉副刊主編邀我對文化前途在客觀形勢急遽演化之下有何希望，在新年特刊上略作發揮。但我不知客觀形勢會演化到何程度，我的希望還是取作夢方式為妥。本「不在其位不謀其政」的大旨，我作的夢也不出於古史文物範圍。

第一、我夢想我和三十多年來一起在臺灣考古的老同伴能進行一個以整個臺灣海峽地區為工作範圍的史前考古計畫。通過三十多年來的工作，我們對臺灣史前文化的來龍去脈，可說摸了一個大概，但每要做進一步的研究時，總是說得等將來看到福建、廣東、浙江沿海地區考古資料之後才能進行。等來等去，已等了三十多年。兩年以前我等不及待，到福建去參觀了許多史前文物，發現其中很多與臺灣的相同或相似，更覺得兩岸的考古工作應當一起進行。如有三、五年大規模積極作業，相信可以解決不少考古老問題，包括整個太平洋區居民文化起源問題。

第二、我夢想傅斯年先生在六十年前提出來的「讓科學的東方學之正統在中國」的口號能夠充分實現。六十年來中國多難，先是十餘年的戰火，然後又有政局分裂與各種的顧忌與禁區，使

＊原刊《中國時報》副刊〈人間〉，1988年1月1日。

得人文社會科學不得充分發展。但以中國人材之盛、學術資源之富，如果在古史文物研究上，全國學者能夠充分從事交流與互相批評，在研究題目的選擇與資料的運用上又不受任何干擾與限制，並且能在國家資助之下與全世界學者積極交往合作，則十年之內，漢學中心捨我其誰？

第三、我夢想中國各地普遍設立世界歷史博物館。普中國之大、博物館之多，據我所知卻沒有一個歷史博物館陳列世界歷史文物。近來臺北的國立歷史博物館相繼舉辦了埃及與馬雅文化的展覽，據說很是成功，可見國人之歷史求知慾並不限於國門之內。可是中國史學一向缺乏研究世界歷史的傳統，積習所在難免影響到國人對國外各種多彩多姿而風格迥異的古今文明的忽視或輕視。二十一世紀的中國與世界是分不開的，國人世界史眼光的培養已是當務之急，而博物館在這上面可以發揮很大作用。外國都有中國文物館，爲何中國不有外國文物館？中國文物中重複的很多，何不與外國博物館交換外國文物？如此作來，對近年文物走私之風，也可收抑遏之效。

談龍骨與龍 *

　　讀七月三十日《中國時報》看到路透社二十九日電引《光明日報》報導了下列一條消息：

　　　　數以噸計的內蒙古珍貴化石，已被一群相信化石是珍貴藥材「龍骨」的掠奪者挖起、搗碎與出售。數以百計的商販和走私客都聚集在清水河縣遺跡，挖起動植物化石研磨成粉末，以漢藥「龍骨」之名出售。掠奪者已對清水河縣遺跡造成嚴重損害。此舉是當地政府官員領導的。他們以每張四十元人民幣的價錢發售「發掘許可」。

　　這條新聞所代表的悲劇，要分好幾個層次。最淺的一層是古生物化石的損壞。再進一層，我們看到近年來「經濟改革」的一個惡果，與文物盜掘走私等是屬於一類的。但從大處看這都是小事。古生物化石自古以來不知遭受過多少損壞了，而「經濟改革」也有正面的一面。但這件悲劇最深的層次是有關於對於「龍」的信仰的。

　　「龍」本身並不是悲劇！把龍作為中華民族的認同符號是這個民族值得自傲的權利。可是龍在中國不僅是符號而已。上面這

---

　　* 原刊《中國時報》副刊〈人間〉，1988年10月24日。

條新聞顯示出來在二十世紀八十年代末期龍在中國還是一條活的
文化。

以「龍骨」作藥由來已久。《山海經‧中山經》裡面列有
「金星之山，多天嬰，其狀如龍骨，可以已瘅」。至少可以早到
東漢的《神農本草經》已將龍骨的產地和性能詳舉：「龍骨，味
甘平、主心腹、鬼注、精物老魅、欬逆、洩利、膿血、女子漏
下、癥瘕堅結、小兒熱氣驚癇、齒主、小兒大人驚癇癲疾狂走、
心下結氣、不能喘息、諸痙、殺精物，久服，輕身通神明、延
年。生山谷。」兩千年來，中國人不知服用了多少龍骨，不知道
達到了幾許的「延年」功效。可是大家都知道的是「龍骨」卻在
十九世紀末年導致了近代中國考古人類學上的兩大發現，即周口
店與殷墟。

周口店和殷墟的發現幾乎是同時的。光緒二十五年（1899）
王懿榮生病服藥，裡面有龍骨一味，為訪客劉鶚（即寫《老殘遊
記》的劉鐵雲）偶然看到，看見上面有古代文字，是殷墟甲骨文
的首次發現。根據龍骨產地的線索，羅振玉在宣統二年（1910）
把甲骨文追溯到河南安陽的小屯，是殷墟的最早辨認。但是除了
甲骨文以外，中藥舖的龍骨主要包含地質時代哺乳動物的化石，
這一點在十九世紀末年也被西方地質學家與古生物學家所辨認出
來了。公元1899年一位在北京德國公使館工作的哈伯勒氏（K.
A. Haberer）搜集了一大批龍骨送交德國慕尼黑大學的舒羅塞教
授研究，舒教授在1903年把他的研究結果發表，說其中有九十種
哺乳動物的化石，並且包括一個像人又像猿的牙齒。瑞典的安特
生（J. G. Andersson）教授根據這個報告，又在華北各地搜尋
資料，終於在1918年跟著龍骨的蹤跡追到周口店，不久便導致北

京人的發現。

既然「龍骨」的眞相已經揭發了將近一百年，而且大家普遍的知道「龍骨」這一味藥實際上是科學標本並且可能包括科學價值極大的甲骨文或猿人化石，從事傳統醫藥的人應該不再使用龍骨來治病了罷？（我是相信中醫的，只是也相信中藥中「龍骨」這一條應當用其他的藥代用。）不然。1960年由中華人民共和國衛生部藥政管理局主編、北京人民衛生出版社出版的一本《中藥材手冊》，收了五百十七種常用中藥，其中便包括（463）「龍齒」和（464）「龍骨」兩條。「龍骨」項下的註解說：

> 本品多爲大型哺乳動物如象及犀牛等骨骼之化石。多係開山掘地所得。一具龍骨常達數百斤，以至千斤不等。雖有大小之分，但均可供藥用。商品龍骨分五花龍骨與一般龍骨兩類，習慣認爲五花龍骨爲佳。若化石年代久遠，已爲石質而無吸濕性者，或尚未成爲化石者，以及一般獸骨均不可供藥用。

這最後面幾句話頗爲費解：如已成化石則不可用，但如尚未成爲化石亦不可用，那麼什麼狀態才可使用呢？從文首報載消息看來，這並不阻止龍骨的使用，更不阻止古生物學標本的大量毀壞。

「龍骨」的觀念是「龍」的觀念的一部分；只要「龍」的信仰生存一天，「龍骨」便服用一天。李時珍在《本草綱目》裡面討論「龍骨」時，曾提到過對龍骨是不是眞是「龍」的骨頭的懷疑，因爲「龍，神物也，似無自死之理。」但他博覽群書，發現龍還是會死的，（如《述異記》云：「漢和帝時大雨龍墮宮中，帝命作羹賜群臣。」）龍既然會死，龍骨也就是眞的了。假如有

一天龍這個觀念從中國人的科學世界完全進入符號世界去，也就是說中國人雖然把龍當作自己民族的符號象徵但是不把牠當做現實世界一部分，那時「龍骨」才能還原為古生物的化石而加以保存研究，不煮湯當藥喝了。

懷念高去尋先生 *

自從高去尋先生在10月28日突然逝世以來，作過他的學生的考古學、人類學、古史學各界的朋友們，頓然有「雁行失翼」的空虛感覺。儘管高先生是我們的老師，儘管他年紀已達耄耋，他多少年來一直是這一群飛雁中帶頭或殿後的一隻大雁。我們不但失落了一位老師，更失落了一位同道上的夥伴，一位數十年如一日支持、鼓勵和扶掖我們，給我們出主意，幫我們解決學術上或人事上困難問題的兄長。

回想與高先生初識，恰好是四十年以前的秋天。1951年的9月我在臺灣大學考古人類學系二年級上學。那時中央研究院歷史語言研究所的人馬多住在楊梅鎮的一間鐵路局的倉庫裡面。系主任李濟先生是歷史語言研究所考古組的主任，就近請了組裏面的同事石璋如先生來教田野考古實習，請高去尋先生來教中國考古學。石先生和高先生每星期便坐火車從楊梅來臺北一次到系裏面上課。那時高先生才四十一歲，個子高，身材瘦壯，精神飽滿。在講了兩個小時的課之後，高先生意猶未盡，常常留下來與學生們天南地北的再聊幾個小時。聊天的對象，常是高先生在1935年

---

* 原刊《田野考古》，第2卷第2期（1991）。

參加了安陽殷墟發掘以後十幾年來中國考古學界的人與事。我們作學生的除了在課堂內學習中國考古的學術內容以外，又在課堂外自高先生那裏學到中國考古人物的種種軼事。二三十年後我初次見到了夏鼐、劉曜、蘇秉琦、胡厚宣、張政烺、趙青芳等先生的時候，就好像見到老朋友似的，倍覺親切，這就是由於早年自高先生口中聽到許多他們的故事的緣故。（高先生自己的軼事，則是自在李濟先生的研究室中工作的潘愨和胡占奎兩位先生那裏聽到的。從事考古的人，因為常在田野工作，傍晚事畢之後多以聊天為樂，所以自高、潘、胡三位先生開始，一直到後來在七、八十年代在大陸結識的許多考古家，都是聊天的專家。希望早晚總會有人將這些人歷年聊天的內容收集起來，寫一部中國考古學的野史。）

　　課內課外與高先生接觸不久便很快的意識到高先生是位聰明絕頂、學問高深的學者，這是他的學生向他傾倒的主要原因。三、四十年代的歷史語言研究所是一個人材薈聚的寶庫。所長傅斯年先生雄才大略、學問眼光好，又有政治力量和手腕。他以「拔尖主義」的原則，遍採全國各大學文史系畢業的年輕菁英學者，把他們收集所裏，專門集中精力作研究工作。所以三、四十年代被他拔尖入所的學者多是絕頂聰明、讀書有成、性情惇樸、了無機心的書生。高先生便是這批菁英書生之一；除他以外，勞榦、丁聲樹、張政烺、陳槃、董同龢、嚴耕望等先生也都可為代表。這批人材的儲集，可以說是傅斯年先生對中國史學上最大的貢獻。高去尋先生本來是北大歷史系的高材生，在古史與古文學上有很深的造詣，又治金石學，畢業後又在李濟、梁思永先生指導下從事考古。從他的〈晉之始封〉、〈徑路神祠〉，與〈商湯

都亳的探討〉等文可以看得很清楚，高先生的最強的學力是在歷史文獻、古文字與田野考古研究的結合上。若要寫一本最現代化的中國上古史通論，我相信高先生是最上的人選。

可是自史語所遷臺以後，高先生的學術精力幾乎完全被殷墟西北崗的十一座大墓所占據了。八年的抗戰與復員以後的內戰轉變了無數中國人的命運，也改變了去尋先生的學術方向。依照殷墟發掘總指揮李濟先生的計畫，西北崗殷王室墓地的大小墓的發掘報告是由梁思永先生負責的。但是梁先生在抗戰期間罹患了肺結核，西北崗的報告只擬了一個大綱並寫了二十餘萬字的本文。1949年史語所遷臺梁先生沒有跟來，1954年病逝。參加殷墟發掘的人跟著李濟先生來臺的只有石璋如、高去尋、李光宇、潘愨和胡占奎先生這幾個人，而每個人都有自己的工作，所以小屯基址和灰坑的報告落在石璋如先生身上，而西北崗王室墓地的報告便成為了高去尋先生的責任。在臺灣這四十二年間，除了少數重要的論文以外，高先生的全部精力便放在這些大墓的報告上了。自1962年發表的西北崗1001號大墓報告開始，高先生迄今一共出版了七部大墓的報告，即1001、1002、1003、1217、1004，和1550號。這七本報告都說是「輯補梁思永未完稿」。但是梁先生原稿與輯補稿的排比根本不同，後者大部分是從頭寫起的。凡是親眼看過高先生從事整理遺物、測量、繪圖、照相、查號、查筆記、描寫和校對工作的人都知道這「輯補」的工作比他自己從頭寫起還要辛苦。在1968年5月21日高先生寫給我的一封長信裡，他提到了寫作報告的情狀：「我自去年由美歸國以後便受命籌備1001號大墓在故宮博物院展覽事，10月10日勉強開幕了，才又整理舊稿1217大墓的發掘報告，到上月底才交到精華去印，大約六月底

可以出版。這個五月和下月的六月非把1500號大墓的報告趕急寫完不可，否則便無法向國科會交卷要錢。現在每天都是描寫破爛的東西，量多長多寬，枯燥無味已到極點，下班回家已筋疲力盡。」高先生花這麼大的力氣寫西北崗大墓的報告，完全是出於對史語所李濟先生，尤其是對老師梁思永先生的義務感和責任，而他自己研究的主要興趣並不在此。但是這番努力的結果，使中國近代考古學上最重要的一批原始資料公諸於世，而且由於高先生的細心和負責的態度，使那些「枯燥無味」的「破爛東西」轉化為價值連城的史料，這幾本報告也成為中國近代考古報告中的精華楷模。高先生在中國考古學史上的不朽地位也由此而奠立。

因為高先生在臺灣教出來的學生都沒有在高先生的故鄉華北作田野考古工作的機會，我們的田野工作都是在臺灣進行的。高先生自己在對臺灣考古學很少直接參與，但他對臺灣考古學的發展上也作了決定性的貢獻。1964年發掘大坌坑和營埔，1965年發掘鳳鼻頭的時候，高先生與石璋如先生都曾聯袂遠道前來參觀，給我們打氣。七十年代的初期，高先生作史語所第三組（考古組）主任的時候，我聯合了宋文薰、李亦園等先生組織了濁水大肚兩溪流域人地關係科際研究計畫，得到臺大與中央研究院共同的贊助支持。高先生特意在考古館騰了兩間房子出來，作為臺灣考古研究室，這是有計畫的臺灣考古在史語所裡面正式的揭幕。高先生在史語所所長的任期內，又擴充了臺灣室的設備，並且大力培養臺灣考古的人員，使得中央研究院史語所成為臺大以外臺灣考古的一支生力軍。在今天從事臺灣考古工作的同仁，包括臺大的在內，沒有未受過高先生影響薰陶的。

高先生對我們的影響與薰陶，遠遠超過狹義的學術研究範圍

之外。他自臺大考古人類學系最早期的畢業生開始，一直到他逝世以前這幾年悉心扶植的年輕學者為止，對每一個人的學問事業的發展，都長期的付以密切的注意。我們如果在某個方面發生了什麼困難疑問了，高先生如果知道了一定會熱心幫助解決。有人與朋友同事鬧情緒不和了，他便作和事佬從中調解開通。有人表現出來上進的潛力了，他就千方百計地加以鼓勵和提掖。有人作了件糊塗事，他便誠懇老實的私下加以教訓。就以我個人來說吧，我自1955年到美國讀研究生院起，便多年居住在國外。每次回臺作考古調查或發掘，都得到高先生的無條件的鼓勵和支持。不在國內時，高先生與我便以寫信的方式繼續聊天。他逝世的第二天，我開始把他寫來的信加以整理閱讀，重溫了他自1954年（我在鳳山受訓）起三十多年以來對我的教訓和建議，在學術上的討論，告我臺灣文史界各種多樣的消息，和這三十多年間他自己心境的變化。今天的我，包含著高先生多年注入的許多心血，在我的事業裡也有高先生不小的一部股份。我相信這在所有其他的高先生的學生來說都是一樣的。對他，我們的懷念是永遠的。

臺灣新考古學的播種者——憶李光周先生 *

　　臺灣大學人類學系主任李光周先生在去年年底以四十餘歲的盛年突罹胰臟急症病逝。消息傳來,令人茫然。李先生的死使臺灣的考古學界遭受了一個完全出乎意料的無法彌補的損失。

　　最初認識李光周先生是在民國39年,那時他還是十歲上下的少年,住在我的老師李濟先生家裡。他在被李先生過繼以前本來姓陳,是李濟夫人陳啓華女士的哥哥的兒子,在38年隨著姑父姑母一起來臺。那時我和我的同學們(包括宋文薰、李亦園等先生們)常常到溫州街李老師家裡去請教考古學、人類學,因此常與李光周先生見面。但是因為那時他較年幼,談不上與他有很深刻的認識,只是覺得這位小弟弟對考古學很有興趣,在家裡有客人來與他姑父談學問的時候他常在一旁傾聽。這一段時間相信他耳濡目染的學到了各方面考古知識,並且對考古界大大小小的人物都有相當的接觸。在學術家庭裡長大的青年,常常自覺不自覺的避免投考與家長完全相同的科系,也許這便是李光周先生後來投

＊原刊《中國時報》副刊〈人間〉,1987年2月10日。

考淡江英專的一個原因。但考古的吸引力還是太大了，從小聆學的那一套學問的誘惑終於使他轉學到臺大考古人類學系去。1964到65年度我回到母校教書，正好碰到他在考古人類學系做助教，每天辛辛勤勤的幫助宋文薰先生整理臺灣好多遺址的標本。從這以後，我與李先生的關係又從私人朋友進一步加上了志同道合。

四年以後我在耶魯大學開始進行一項中國古代青銅器的電腦研究。1970年夏正逢李光周先生擬到美國來深造，我便約他到耶魯大學來和我一起從事青銅器的研究。這是他第一次接觸電腦作業，而且是第一次精細的從事中國古銅器的分類工作，但是他從事研究工作之認真負責的態度與敏銳深入的見解，使與他共事的人敬佩無已。這項工作結束以後，他便申請到了紐約州立大學Binghamton分校人類學系博士班去做研究生了。這時這個系有兩位考古教授，叫做 Fred Plog 和 John Fritz 的，都是芝加哥大學六十年代的研究生，賓弗教授的學生，所謂「新考古學」的健將。李光周先生在這個學校唸完以後便把「新考古學」帶回臺灣。

現代科學考古在臺灣已有九十年的歷史，這其間也有它的一套發展演變的過程。但美國式新考古學輸入臺灣的第一礮還是李光周先生在1974年放出來的。這一年他在臺大的《考古人類學刊》第三十五、三十六期合刊上發表了一篇文章〈再看鵝鑾鼻——臺灣南端的史前遺址〉。新考古學的一個重要特點，是使用社會科學或生物學裡面的某些一般理論來發引出來關於史前時代或古代社會中的某種一般性的法則，然後由這條法則推引出來若干實驗原則，再到實際考古資料裡面去尋求這些原則的實證或反證，最後用這段手續來證明或反證最初提出來的法則。李光周先

生在這篇文章中所提出來的法則是關於古代社會婚後居住規則的問題的。他指出墾丁遺址中的石網墜類型變化很大，表示使用它們來捕魚的這個社團中的男子係來自各處的，而同時的陶器變化較少，表示製造它們的女子是本地傳繼的。換言之，從考古學上李光周先生嘗試證明當時的婚後居住規則是夫從妻居的。這篇文章用新的方法把臺灣考古的資料點活，為臺灣的考古學者在研究古人生活方式上面開闢了一條新的途徑。我在美國考古學界已三十多年，很多同業們認為我是新考古學的反對派。其實我並不反對新考古學，只是不對它盲目崇拜而已。我可以很客觀的說，李光周先生自1974年以來在臺灣考古上的貢獻是劃時代性的。每一個地區的考古學的歷史都有它一些發展上的特點。在臺灣的考古學上，有了新考古學所代表的這種有活力的、富疑問的、有想像力的研究方法的抬頭，從古代的遺物中去解釋人的行為，對這門學科的發展更能有所推動、有所刺激。新考古學並不能取代舊考古學，但有它加入了考古學的園地，我們就能進入到一個更高的境界。李光周先生回國以後，一方面在墾丁公園地區集中力量做了許多紮紮實實的、有規模的、嚴謹性的考古工作，並將成果很快的整理發表，一方面在臺大人類學系教書，給下一代的考古學者以身作則式的熱心教導啟示。以這種方式，李光周先生把臺灣的考古學從五、六十年代由宋文薰先生、我自己，和與我們同時的人所代表的發展階段，又向前推動了一大截。八十年代的臺灣考古，有李光周先生所代表的新考古學，也有我的其他同業所代表的比較傳統的考古學，這都是必要的成分。去年我兩次回臺，與李光周先生都曾詳談臺灣的考古現況，對他的工作、他的見解，更感覺到十分的敬佩和安慰，對他未來的成就，更充滿了期

望。他的逝世，使我們獻身於臺灣考古事業的人，失去了一個有力的夥伴，失去了一個不斷向新方向探索的先鋒。我希望李先生的學生中間有接著他的火種繼續前走的，使新考古學在臺灣不至於只有曇花的一現。這個希望我相信是可以實現的。但是更令人遺憾的，是李光周先生這個人才的凋謝，這個光明遠景的熄滅。他自少年時代便浸身在考古環境裡面，這三十多年以來，不論是在家、在學校，還是在海外，一直沒有離開過考古環境。現在正是他學力見解都成熟的時候，正是他不但能夠繼承李濟之先生遺缽並且能夠進一步加以發揚的時候，正是他可以在學術界教育界作出更大的貢獻的時候，卻意外的為急症奪去了生命。這種損失是無法彌補的。

考古人類學隨筆

1995年9月初版　　　　　　　　　　　　定價：新臺幣650元
2023年11月二版
有著作權‧翻印必究
Printed in Taiwan.

著　者　張　光　直

出　版　者　聯經出版事業股份有限公司　　　副總編輯　陳　逸　華
地　　　址　新北市汐止區大同路一段369號1樓　總編輯　涂　豐　恩
叢書主編電話　(02)86925588轉5318　　　總經理　陳　芝　宇
台北聯經書房　台北市新生南路三段94號　　社　　長　羅　國　俊
電　　　話　(02)23620308　　　　　　發行人　林　載　爵
郵政劃撥帳戶第0100559-3號
郵撥電話　(02)23620308
印　刷　者　世和印製企業有限公司
總　經　銷　聯合發行股份有限公司
發　行　所　新北市新店區寶橋路235巷6弄6號2F
電　　　話　(02)29178022

行政院新聞局出版事業登記證局版臺業字第0130號

本書如有缺頁，破損，倒裝請寄回台北聯經書房更換。　　ISBN　978-957-08-7123-4 (精裝)
聯經網址 http://www.linkingbooks.com.tw
電子信箱 e-mail:linking@udngroup.com

國家圖書館出版品預行編目資料

考古人類學隨筆 / 張光直著 . 二版 . 新北市 .
聯經 . 2023.11 . 168面 . 14.8×21公分 .
ISBN 978-957-08-7123-4（精裝）
[2023年11月二版]

1.CST：考古學 2.CST：文集

790.79   112014695